Etapas

Libro del alumno

Etapa 14
Competencias

Nivel

B2.5

© Editorial Edinumen, 2013.
© **Equipo Entinema:** Sonia Eusebio Hermira, Anabel de Dios Martín, Berta Sarralde Vizuete, Beatriz Coca del Bosque, Elena Herrero Sanz, Macarena Sagredo Jerónimo. Coordinación: Sonia Eusebio Hermira.
© **Autoras de este material:** Anabel de Dios Martín, Sonia Eusebio Hermira y Berta Sarralde Vizuete.

ISBN: 978-84-9848-353-6
Dep. Legal: M-25223-2013

Coordinación editorial:
Mar Menéndez

Edición:
David Isa

Diseño de cubierta:
Carlos Casado

Diseño y maquetación:
Carlos Casado y Sara Serrano

Ilustraciones:
Carlos Casado

Fotografías:
Archivo Edinumen

Impresión:
Gráficas Glodami. Coslada
(Madrid)

Editorial Edinumen
José Celestino Mutis, 4.
28028 Madrid
Teléfono: 91 308 51 42
Fax: 91 319 93 09
e-mail: edinumen@edinumen.es
www.edinumen.es

Instituto Cervantes

Este método se adecua a los fines del *Plan Curricular* del Instituto Cervantes
La marca del Instituto Cervantes y su logotipo son propiedad exclusiva del Instituto Cervantes

Edinumen

Introducción

Etapas es un curso de español cuya característica principal es su distribución **modular** y **flexible**. Basándose en un enfoque orientado a la acción, las unidades didácticas se organizan en torno a un objetivo o tema que dota de contexto a las tareas que en cada una de ellas se proponen.

Los contenidos de **Etapas** están organizados para implementarse en un curso de 20 a 40 horas lectivas según el número de actividades opcionales, actividades extras y material complementario que se desee utilizar en el aula.

 Extensión digital de **Etapa 14**: consulta nuestra **ELEteca**, en la que puedes encontrar, con descarga gratuita, materiales que complementan este método.

La Extensión digital **para el alumno** contiene los siguientes materiales:

- Prácticas interactivas
- Claves y transcripciones del libro de ejercicios
- Resumen lingüístico-gramatical

La Extensión digital para el **profesor** contiene los siguientes materiales:

- Libro digital del profesor: introducción, guía del profesor, claves, fichas fotocopiables, transparencias...
- Fichas de cultura hispanoamericana
- Resumen lingüístico-gramatical

Recursos del alumno:

Código de acceso

98483536

www.edinumen.es/eleteca

Recursos del profesor:

Código de acceso

Localiza el código de acceso en el ***Libro del profesor***.

Tareas:

- Elegir al más adicto a distintos aparatos de la clase.
- Debatir sobre la adicción a las series televisivas.
- Escribir la sinopsis de un culebrón.
- Elaborar reglas de ayuda para evitar errores lingüísticos.
- Representar un diálogo con expresiones de ánimo y consuelo.
- Participar en un foro de lenguas.

Unidad 3 — El tiempo pasa

Contenidos funcionales:

- Expresar la concesión.
- Relacionar momentos en el tiempo pasado.
- Expresar la pasividad.

Contenidos lingüísticos:

- Estructuras reduplicadas con valor concesivo.
- Oraciones temporales en pasado.
- Estructuras de la voz pasiva.
- Usos del presente de indicativo.

Contenidos léxicos:

- Vocabulario relacionado con la política, la historia y la economía.

Contenidos culturales:

- La corrupción política.
- Dictaduras y revolución en América Latina.
- Las dos Españas.
- La transición española.
- La crisis financiera.

Tareas:

- Crear un diccionario de términos políticos.
- Comparar la historia contemporánea de los países de la clase.
- Hacer un libro de citas de la clase.
- Elegir los momentos históricos que más han cambiado la vida de un país.

Unidad 4 — Última etapa

Contenidos funcionales:

- Ser capaz de resolver con éxito diferentes situaciones de comunicación.
- Hacer usos de las competencias comunicativas de la lengua en todas sus destrezas.

Contenidos lingüísticos:

- Repaso de diversos contenidos relacionados con el nivel.

Contenidos léxicos:

- Clases o estamentos sociales.
- Léxico relacionado con el aspecto físico, el atuendo y los complementos.

Contenidos culturales:

- Pirámides sociales de diferentes épocas.
- La pertenencia a un grupo.
- Maslow y la jerarquía de las necesidades humanas.
- Frases célebres sobre la felicidad.
- Documentos europeos: el MCER y PEL.

Tareas:

- Hablar sobre la importancia de pertenecer a un grupo.
- Dibujar la pirámide social del siglo XXI.
- Hacer una exposición sobre una tribu urbana.
- Redactar un texto formal acerca de la jerarquía de necesidades humanas.
- Elaborar una guía para vivir más felices.
- Evaluar nuestro nivel de competencia.
- Hacer el portafolio.

Descripción de los iconos

 → Actividad de interacción oral.

 → Actividad de reflexión lingüística.

 → Actividad de producción escrita.

 → Comprensión auditiva. El número indica el número de pista.

 → Comprensión lectora.

 → Actividad opcional.

Índice de contenidos

Unidad 1

Vidas alternativas

Tareas:
- Comparar los siglos XX y XXI.
- Elegir los acontecimientos históricos, sociales y políticos de los que prescindiríamos.
- Conocer vidas alternativas y nuevas tendencias.
- Inventar diálogos con diferentes usos de *como*.

Contenidos funcionales:
- Expresar el modo.
- Hacer comparaciones.
- Expresar el resultado de diferentes procesos.

Contenidos lingüísticos:
- Oraciones adverbiales: modales, comparativas y consecutivas.
- Valores de *como*.
- Perífrasis verbales de participio.

Contenidos léxicos:
- Vocabulario relacionado con el mundo de la política, la historia, la economía, la sociedad y la tecnología.
- Coloquialismos.

Contenidos culturales:
- Características políticas, sociales y económicas de los siglos XX y XXI.
- Acontecimientos sociales y políticos de los siglos XX y XXI.
- Algunos personajes hispanos: Mafalda, Ketama, Joaquín Sabina, María Jiménez y Mario Benedetti.
- La tendencia del placer de la desconexión.

1 Bajarse del mundo

1.1. Mira la siguiente imagen. ¿Qué te sugiere? ¿Qué crees que significa?

PAREN EL MUNDO QUE YO ME BAJO

1.2. Lee estas dos estrofas de la letra de la canción "Que paren el mundo" del grupo español Ketama y completa los espacios en blanco con las ayudas que tienes a continuación. ¿Se parece a lo que vosotros habéis comentado?

Y todo cambia y todo es tan urgente,
vivimos en la era de la (1) ....,
la (2) ...., el alquiler, los juegos del
(3) ...., yo sigo aquí con la misma
camisa, ya lo ves.
Buscando como buscan los cantores [...]

Dónde irá a parar, dónde irá a parar,
quiero bajar, paren el mundo,
dónde irá a parar, dónde irá a parar,
con tanto (4) .... y (5) ....
a veces no hay tiempo para (6) ....

[1] Palabra de cinco letras. Rapidez. La tienes cuando llegas tarde a una cita, por ejemplo.

[2] Cuatro letras. Muy aceptado y popular. Está muy relacionado con la ropa o la estética en general. Es la última palabra de la expresión *estar de* ....

[3] Cinco letras. Sustantivo que se refiere a la fuerza o superioridad de alguien. Normalmente lo tienen los que gobiernan un país.

[4] Cinco letras. Conflicto, dificultad. También puede significar prisa. Empieza por a.

[5] Ocho letras. Locura. Pérdida de la razón.

[6] Seis letras. Razonar, creer, reflexionar.

1.2.1. Escucha la canción para corregir, tu profesor te dirá dónde puedes encontrarla.

1.2.2. Si has escuchado la canción, has podido fijarte que se escribió en el siglo pasado. Estas son, según la Wikipedia, las características del siglo XX. Léelas y en grupo completad el cuadro con algún ejemplo.

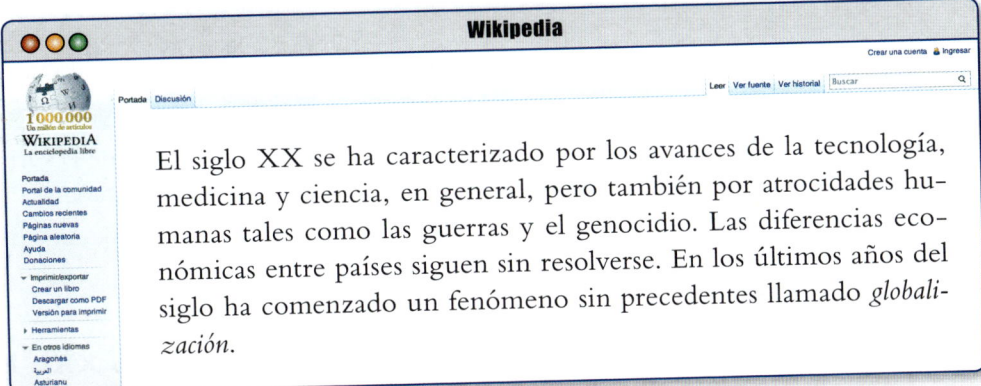

El siglo XX se ha caracterizado por los avances de la tecnología, medicina y ciencia, en general, pero también por atrocidades humanas tales como las guerras y el genocidio. Las diferencias económicas entre países siguen sin resolverse. En los últimos años del siglo ha comenzado un fenómeno sin precedentes llamado *globalización*.

Avances tecnológicos y científicos	Avances en medicina	Atrocidades humanas y desastres naturales	Acontecimientos políticos y sociales

1.2.3. Completa la lista anterior con la información que te va a dar tu profesor. Trabaja con tus compañeros.

1.2.4. Aquí tienes de nuevo la lista anterior. Decide con tu compañero qué acontecimientos pondrías debajo del título: *Que paren el mundo, que me bajo*. En los que no estáis de acuerdo exponed vuestras razones.

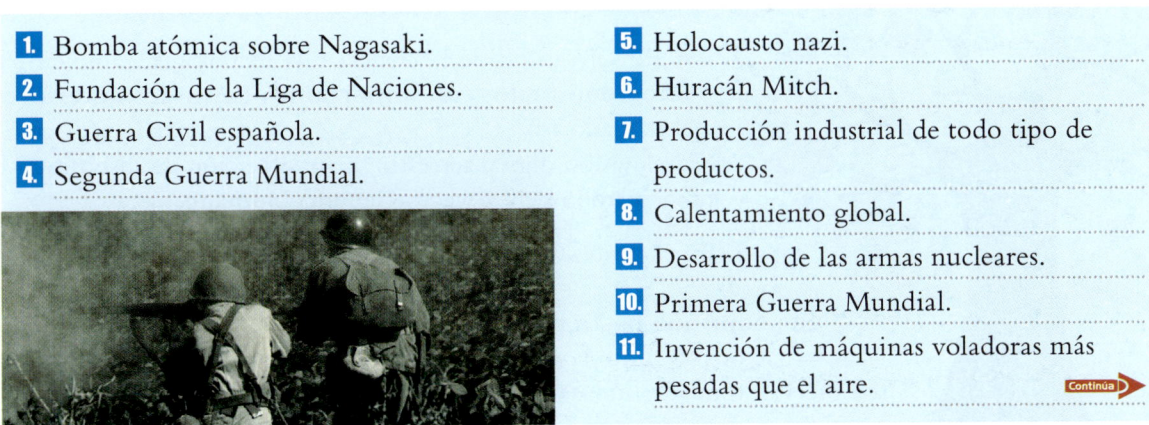

1. Bomba atómica sobre Nagasaki.
2. Fundación de la Liga de Naciones.
3. Guerra Civil española.
4. Segunda Guerra Mundial.

5. Holocausto nazi.
6. Huracán Mitch.
7. Producción industrial de todo tipo de productos.
8. Calentamiento global.
9. Desarrollo de las armas nucleares.
10. Primera Guerra Mundial.
11. Invención de máquinas voladoras más pesadas que el aire.

Continúa ▶

12. Vuelo espacial y alunizaje.

13. Polución y contaminación.

14. Antibióticos, trasplante de órganos y clonación.

15. Comienzo del reconocimiento de los derechos de las mujeres.

16. Desertización.

17. Invención del transistor, del circuito integrado, de la luz láser, de los ordenadores y de Internet.

18. Fin del colonialismo.

19. Deforestación.

20. Guerra del Golfo.

21. Crisis del petróleo.

22. Agujero en la capa de ozono.

23. SIDA.

24. Guerra de Corea.

25. Construcción y caída del Muro de Berlín.

26. Nacimiento y ocaso de países comunistas.

27. Guerra Fría.

28. Guerra de Vietnam.

29. Desarrollo de la radio y de la televisión.

30. Teoría de la relatividad y del modelo cosmológico del big bang.

31. Desarrollo de la mecánica cuántica y física de partículas.

32. Descubrimiento del ADN, desarrollo de la biología molecular.

33. Constitución de la Organización de las Naciones Unidas.

34. Conflicto árabe-israelí.

1.3. Ahora vamos a ver algunas de las características del siglo XXI. Dividid la clase en A y B. Leed el texto que os ha tocado y completadlo con las palabras que faltan, según vuestra opinión.

Alumno A

1. El siglo XXI es nuestro presente, **conforme al calendario** (a)_____.
Oficialmente comprende los años entre 2001 y 2100. Es el primer siglo del III milenio.

2. El siglo XXI se caracteriza por **un avance y expansión de la** (b)_____
_____ **tal, que a esta época se la conoce como *la era de la información*:** quien la controla y quien accede a ella tendrá las mejores oportunidades.

3. Las llamadas (c)_____ configuran una de las herramientas características en donde el usuario es el verdadero protagonista. Comunidades virtuales que proporcionan información e **interconectan a personas más de lo que sus creadores pudieron imaginar**; es también la era de la conectividad a bajo coste.

4. En el campo de la ciencia y la tecnología, también han destacado otros **fenómenos tan importantes como los anteriores**, entre ellos el llamado (d)_____, debido a la aparición en 2005 de la televisión digital terrestre, la masificación de dispositivos móviles y el posdesarrollo del Proyecto Genoma Humano.

5. En el contexto económico internacional, el siglo XXI está marcado por la (e)_____ de 2008, **de alcance global y de tal envergadura que continúa hasta nuestros días**. Esta ha sido señalada por muchos especialistas internacionales como la «crisis de los países desarrollados», ya que sus consecuencias se observan fundamentalmente en los países más ricos del mundo.

Alumno B

1. El siglo XXI es nuestro presente, **conforme al calendario gregoriano**. Oficialmente comprende los años entre 2001 y 2100. Es el primer siglo del (a).. milenio.

2. El siglo XXI se caracteriza por **un avance y expansión de la digitalización tal, que a esta época se la conoce como *la era de la*** (b)..: quien la controla y quien accede a ella tendrá las mejores oportunidades.

3. Las llamadas *redes sociales* configuran una de las herramientas características en donde el usuario es el verdadero protagonista. Comunidades virtuales que proporcionan información e **interconectan a personas más de lo que sus creadores pudieron imaginar**; es también la era de la (c)........................... .... a bajo coste.

4. En el campo de la ciencia y la tecnología, también han destacado otros **fenómenos tan importantes como los anteriores**, entre ellos el llamado *apagón analógico*, debido a la aparición en 2005 de la televisión (d)........................... ...., la masificación de dispositivos móviles y el posdesarrollo del Proyecto Genoma Humano.

5. En el contexto económico internacional, el siglo XXI está marcado por la crisis económica de 2008, **de alcance global y de tal envergadura que continúa hasta nuestros días**. Esta ha sido señalada por muchos especialistas internacionales como la «crisis de los (e).................................», ya que sus consecuencias se observan fundamentalmente en los países más ricos del mundo.

I.3.I. Habla con tu compañero para comprobar o completar tu respuesta anterior.

I.3.2. Escucha algunos párrafos extraídos de una conferencia sobre el siglo XXI que complementan a la información anterior y relaciónalos con los textos de la actividad anterior. Sigue las instrucciones de tu profesor.

[a] Texto.......... ☐

[b] Texto.......... ☐

[c] Texto.......... ☐

[d] Texto.......... ☐

[e] Texto.......... ☐

I.3.3. Vuelve a escuchar y completa los espacios en blanco en el siguiente texto.

Continúa ▶

a. El Proyecto Genoma Humano (PGH) es un proyecto de investigación científica con el objetivo fundamental de identificar los aproximadamente 30 000 genes en el ADN humano. La magnitud del Proyecto **promete revolucionar el futuro de una manera** (1) .... **algunos han comenzado** a nombrar a este siglo como el *siglo de la biología*. Los beneficios abarcan áreas tan diversas como la medicina, la ecología, la agricultura, la evolución y la antropología.

b. Internet ofrece una información universal, omnipresente y libre, si bien no pueden desvincularse de ella problemas (2) .... la falta de veracidad, la autenticidad de las fuentes, la calidad en los contenidos, los derechos de propiedad intelectual, etc.

c. El calendario gregoriano *adelanta* cerca de medio minuto cada año. Este error se va acumulando (3) .... van pasando los años hasta llegar a un desajuste de un día cada 3300 años. Esto explica la necesidad de los años bisiestos.

d. Es evidente que otra comunicación es (4) .... posible. Los grandes medios de comunicación ya no son la única fuente. Ahora, cualquiera puede buscar sus propios canales para informar y ser informado, gracias a múltiples aplicaciones puestas a disposición del ciudadano.

e. En España la crisis **provocó un desánimo** (5) .... **se pensó que** era necesario hacer algo para recuperar la confianza. Con esta finalidad, el Consejo Superior de Cámaras de Comercio y dieciocho empresas más crearon una campaña publicitaria; el eslogan, usado (6) .... **aparece en el enlace que lleva a la web**: *www.estoloarreglamosentretodos.org,* transmitía optimismo y trataba de fomentar actitudes positivas entre la ciudadanía.

I.3.4. Lee la siguiente información sobre algunos tipos de oraciones y complétalo con las frases destacadas en los textos anteriores.

Tipos de oraciones

- **Modales**: expresan la manera como se realiza una acción.
  Nexos más frecuentes: *como, del mismo modo que, igual que, tal cual, según, según que, como si, conforme, tal y como...*
  1. ....
  2. ....

- **Comparativas**: hay tres tipos de comparaciones que se expresan, básicamente, por medio de estas tres correlaciones. En la segunda parte de la comparación, podemos tener una oración de relativo.
  Superioridad: *Más... que/de* + oración de relativo
  Igualdad: *Tanto... que/de* + oración de relativo
  Inferioridad: *Menos... que/de* + oración de relativo
  3. ....
  4. ....
  5. ....

- **Consecutivas**: expresan la consecuencia. En ocasiones pueden ir introducidas por los indefinidos *tanto/a/s, tal/es, un/a/os/as* y *cada*.
  6. ....
  7. ....
  8. ....

I.4. Lee el siguiente título y el primer verso de una canción española escrita por Joaquín Sabina e interpretada por María Jiménez. ¿Qué noticias, positivas o negativas, crees que pueden aparecer en la canción? En grupos, haced una lista de al menos cinco noticias.

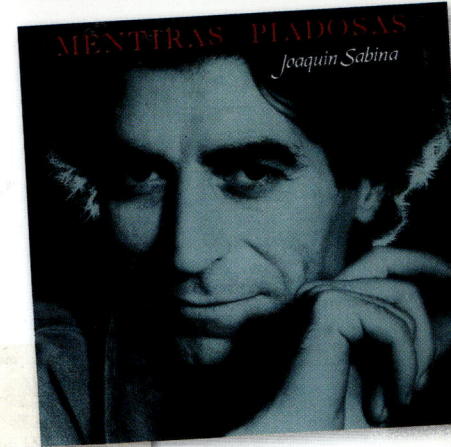

"Eclipse de mar"

Hoy dice el periódico que...

I.4.1. Lee algunas de las estrofas de la canción que te va a dar tu profesor y busca las expresiones coloquiales usadas y que se corresponden con estos significados.

[a] Incautar/ aprehender	[b] Asuntos/ temas	[c] Cantidad exagerada	[d] Dinero
....	....	....	....

I.4.2. Mira las siguientes expresiones coloquiales y sus ejemplos y relaciónalas con su significado.

① Molar.
Estos pantalones molan.

② Mal/buen rollo.
Está de mal rollo, así es que es mejor no pedirle nada hoy.

③ Mosquearse.
No volveré a hacerlo, pero no te mosquees.

④ Ponerse las pilas.
Ponte las pilas, que si no, no vas a aprobar.

⑤ Echar la charla.
Su novia le ha echado la charla por comprarse el coche sin decirle nada.

⑥ Chungo.
Se ha quedado en casa, está un poco chungo.

⑦ Por la cara.
Esta vez hemos conseguido no pagar nada. Hemos entrado por la cara.

ⓐ Darse energía. Prestar atención. Cambiar de actitud.

ⓑ Malo. Enfermo. Negativo.

ⓒ Gustar.

ⓓ Se usa para calificar situaciones o ambientes positivos o negativos.

ⓔ Gratis. Sin esfuerzo.

ⓕ Hablar con alguien para darle consejo o mostrarle el enfado.

ⓖ Enfadarse.

I.4.3. Usa las anteriores expresiones coloquiales y añade una estrofa a la canción.

1.5. ¿Qué cosas eliminarías de este mundo? Elige cinco o seis puntos y piensa en una o dos cosas que te gustaría que no hubieran existido de cada apartado. Si lo prefieres, piensa en tus propias categorías.

[1] Personajes famosos de cualquier disciplina.

[2] Canciones.

[3] Programas de televisión.

[4] Libros.

[5] Frases célebres.

[6] Acontecimientos históricos, sociales.

[7] Una prenda de moda.

[8] Una fiesta, celebración.

[9] Una comida, una bebida.

[10] Persona que conoces.

[11] Cualquier cosa relacionada contigo.

1.5.1. Habla a tus compañeros sobre lo que has escrito.

2 Otro mundo es posible

2.1. ¿Crees en el eslogan "Otro mundo es posible"? Lee el siguiente extracto de un libro titulado *Otro mundo es posible si…* y comenta su mensaje con tus compañeros.

SUSAN GEORGE

OTRO MUNDO ES POSIBLE SI...

El nuevo libro de la autora de
INFORME LUGANO

Encuentro
Icaria editorial · Intermón Oxfam

Y otro mundo está a nuestro alcance
si incluimos a todos y forjamos alianzas
si combinamos conocimientos y política
si los educadores educan
si practicamos la no violencia

¿Qué otro mundo?

Un mundo que permita dar acceso a una vida digna a todos los habitantes de la Tierra: alimentos suficientes, agua potable, vivienda adecuada, educación básica, atención médica y servicios públicos.

¿De dónde saldrá el dinero?

De donde está en su mayor parte: del ámbito internacional, de los beneficios de las megaempresas y de los mercados financieros; de la cancelación de las deudas de los países pobres, de la clausura de los paraísos fiscales y de la obligatoriedad de que las empresas paguen impuestos, de convertir lo que se llama libre comercio en comercio justo.

(Susan George: *Otro mundo es posible si…*)

2.1.1. Vuelve al texto anterior y contesta a la siguiente pregunta sobre la gramática utilizada.

¿Por qué crees que las frases de la primera estrofa están en primera condicional, en lugar de en segunda condicional?

Unidad I

¿Qué significan las palabras? ¿A qué se refieren? ¿Añadirías otras?

consumo responsable

Otro mundo es posible

comercio justo

desarrollo sostenible

2.3. La siguiente poesía de Mario Benedetti puede explicar el significado de la frase que algunas personas han colgado en la puerta de su vida. ¿De qué crees que tratan los textos que vamos a leer en la siguiente actividad?

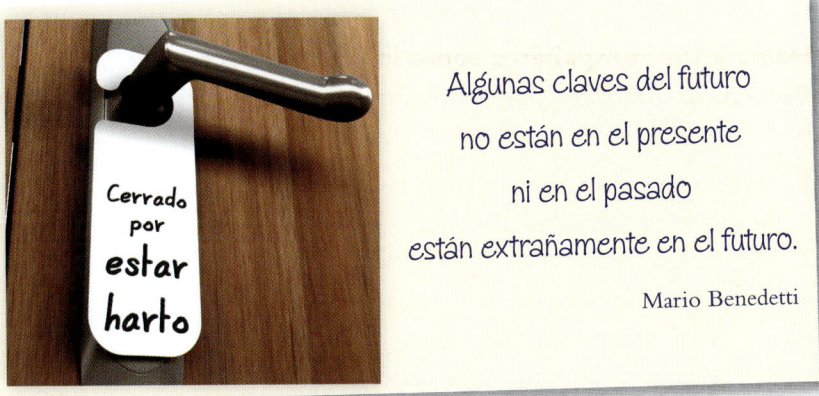

Cerrado por estar harto

Algunas claves del futuro
no están en el presente
ni en el pasado
están extrañamente en el futuro.

Mario Benedetti

2.3.1. Mira las imágenes de estas personas, ¿por qué crees que colgaron en la puerta de sus casas el anterior cartel? ¿A qué piensas que se dedicaban?

Isabel

Clara

Miguel

2.3.2. Lee los ejemplos de estas personas y contesta las siguientes preguntas.

1. ¿Qué significan estas expresiones?

   a) Hasta aquí hemos llegado.

   b) Hacer borrón y cuenta nueva.

   c) Dar pequeños retoques a su existencia.

2. ¿Qué cambios radicales crees que dieron a sus vidas? Completa las frases con tu opinión.

 Continúa ▶

Isabel, Miguel, Clara... Llegó un momento en sus vidas que dijeron "hasta aquí hemos llegado", y decidieron volver a empezar, haciendo borrón y cuenta nueva. No les bastaba con dar pequeños retoques a su existencia, sino que emprendieron cambios radicales. Tampoco fueron saltos al azar, sino decisiones tomadas con valentía, que los llevaron a dar un giro de 180 grados. Buscaban la felicidad y la encontraron.

Isabel, una médica endocrinóloga de 43 años, dejó su hospital para ....
....

A los 47 años, Miguel dejó su restaurante en una gran ciudad para ....
....

Clara era juez y fiscal y ahora es ....

2.3.3. Escucha la primera parte del siguiente reportaje sobre cambios de vida y contesta las siguientes preguntas.

1. ¿Qué cambios radicales dieron a sus vidas Isabel, Miguel y Clara? Completa las frases de la actividad anterior.
2. ¿Qué significan estas expresiones?
    a) Se reconocieron insatisfechos.
    b) Cerrado por hartazgo.
    c) Liarse la manta a la cabeza.
    d) Aldeanos conversos.
    e) Fórmulas con las que es posible reinventarse.

2.3.4. Lee el reportaje completo y corrige tus respuestas anteriores.

Cerrado por estar harto

Isabel, una médica endocrinóloga de 43 años, dejó su hospital para ingresar en un monasterio como monja de clausura.

A los 47 años, Miguel dejó su restaurante en una gran ciudad para reconstruir casas en un pueblo abandonado. Clara era juez y fiscal y ahora es bailarina y profesora de danza.

Saben que en la vida no existen los guiones. Y, por eso decidieron acabar con lo que parecían historias escritas de antemano. Abandonaron la oficina el día en que se reconocieron insatisfechos y colgaron el cartel de "cerrado por hartazgo" sin temor al 'fantasma' de la crisis. No les importó dejarlo todo. Liarse la manta la cabeza y abandonar una vida de confort.

Son nuevos trotamundos, 'urbanitas' exiliados de la ciudad, cooperantes de nuevo oficio y 'aldeanos conversos' con los que *20minutos.es* ha hablado para confirmar que las fórmulas con las que es posible reinventarse pueden ser múltiples cuando el objetivo es sencillo: ser feliz.

2.4. Mira ahora las fotos de Xavi y Carme, que también decidieron cambiar sus vidas. ¿Por qué? ¿A qué crees que se dedicaban antes? ¿Y ahora?

2.4.1. Escucha ahora el testimonio de Xavi y completa las siguientes frases. Comprueba tus respuestas a las preguntas anteriores.

[1] Decidimos dar por ....

[2] Quedamos ....

[3] Nos vimos ....

[4] Otra vía de financiación son los tres .... que llevan ....

....

2.4.2. Las frases anteriores son perífrasis verbales. Lee la siguiente explicación y completa los espacios que faltan con los verbos adecuados de la actividad anterior. Escribe también el ejemplo.

> ## Perífrasis verbales de participio
>
> En general, el participio le da a este tipo de construcciones un valor de acción terminada. Este concuerda en género y número con el sustantivo al que se refiere.
>
> 1. ***Estar* + participio**: expresa el resultado de una acción.
>   - *Estoy preocupada por todo lo que está pasando.*
>
> 2. ***Ir* + participio**: es similar a la anterior; también expresa el resultado de una acción, pero solo se puede usar cuando describe estados psíquicos, emocionales y físicos.
>   - *Las paredes de la sala van pintadas en rojo.*
>
> 3. .... **+ participio**: tiene un sentido acumulativo. Expresa la parte de un proceso, que normalmente continúa.
>   - ....
>
> 4. .... + ... **+ participio**: indica que el sujeto considera la acción terminada. También se utiliza con el mismo significado que *considerar y creer.*
>   - ....
>
> 5. ***Seguir* + participio**: añade una idea de continuidad de algo que tuvo su origen en el pasado.
>   - *No habrá reconciliación. Siguen enfadados.*
>
> 6. ***Tener* + participio**: se usa con el significado de terminación de un proceso y equivale a *haber* + participio. A veces también tiene un matiz de acumulación, en estos casos puede sustituirse por *llevar* + participio.
>   - *Tengo pensado presentarme al examen (he pensado...). Ya tengo estudiadas las cinco primeras lecciones (llevo estudiadas).*
>
> 7. .... **+ participio**: expresa el resultado de un cambio.
>   - ....
>
> 8. .... **+ participio**: llegar involuntariamente a una situación o límite o extremo.
>   - ....
>
> 9. ***Dejar* + participio**: expresa la consecuencia de una acción anterior.
>   - *Los antibióticos que he tomado me han dejado cansado y débil.*

2.5. Inventa otros testimonios para el reportaje sobre cambios de vida. Las siguientes ideas te pueden ayudar.

Cuando dimos por perdido nuestro dinero...

Después del accidente quedé abatido...

La enfermedad me dejó hecho polvo...

Me vi arrastrada a una vida que no me gustaba...

Yo tenía pensado presentarme al concurso de novela...

2.6. ¿Romper con todo e iniciar una nueva vida? A todos se nos ha pasado por la cabeza, cuando la rutina o el estrés empiezan a desgastar nuestro entusiasmo. ¿Y tú has pensado alguna vez en cambiar de vida? Habla con tus compañeros.

2.7. ¿Piensas que un mundo sin tecnología es posible? Fíjate en las siguientes frases sacadas de un artículo que habla sobre el tema. ¿Has oído hablar de esta nueva tendencia?

1. (Así como por un lado muchas personas sufren de nomofobia, es decir, el miedo a no estar conectado (teléfono, Internet, etc.), otros ya empiezan a dar la vuelta y a recuperar el placer de la desconexión.

2. Los pobres de la tecnología son los que no pueden eludir la responsabilidad de responder de inmediato un correo electrónico o un mensaje de texto. Los nuevos ricos, por el contrario, son aquellos que tienen la posibilidad de filtrar e instaurar distancia respecto a esta interpelación.

3. Hijos de los genios de Google y Apple estudian en escuelas sin ordenadores.

4. La pantalla perturba el aprendizaje. Disminuye las experiencias físicas y emocionales.

5. "Las computadoras se han convertido en máquinas de distracción. Hay que equiparse hoy de funcionalidades que las devuelvan a su rol de máquina de escribir".

2.7.1.  Lee el texto completo e inserta los párrafos anteriores en el lugar correspondiente.

Cerebros de Silicon Valley envían a sus hijos a un colegio sin computadoras

(a)............. No hay televisores ni PC, solo tiza y pizarrón, los niños aprenden a tejer, coser y hornear pan. Un establecimiento privado en el que no se enseña informática hasta los 13 años.

Tres cuartos de los alumnos inscritos son vástagos de personas que trabajan en el área de las nuevas tecnologías. La gente se pregunta por qué. El periódico francés recoge el testimonio de uno de estos padres: Pierre Laurent, que eligió esta escuela porque cuestiona la tendencia actual a equipar en informática a las clases desde una edad cada vez más temprana. "La computadora no es más que una herramienta. El que solo tiene un martillo piensa que todos los problemas son clavos", dice. "Para aprender a escribir, es importante poder efectuar grandes gestos. Las matemáticas pasan por la visualización del espacio. (b).............

Richard Stallman, el gurú del *software* libre, trabaja desconectado: "La mayor parte del tiempo no tengo Internet. Una o dos veces por día, a veces tres, me conecto para enviar y recibir mis correos. Releo todo antes de enviar". (c)............. Deseoso de poder escribir sin distracciones, también diseñó *Anti-social*, un *software* que permite el acceso a Internet pero sin diversiones tales como *Facebook* y *Twitter*. (d).............

El informe de *Le Monde* pronostica que cada vez habrá más gente pidiendo asistencia para desconectarse. No es un fenómeno de masas, sino más bien una tendencia minoritaria que involucra más bien a los sectores más acomodados. "Algunos tienen el poder para desconectarse y otros, el deber de permanecer conectados". (e).............

3 Amplía tu competencia lingüística

3.1. Lee las siguientes frases y explica con tus palabras su significado. Comenta también las situaciones en las que se pueden usar. Ten en cuenta que algunas de ellas tienen un uso irónico. Pregunta las palabras que no entiendas o búscalas en el diccionario. Trabaja con tus compañeros.

1. Como te pongas ese pantalón, yo no voy contigo.

2. Compórtate como te dicte tu conciencia.

3. Como le lleves la contraria, deja el proyecto y nos quedamos solos.

4. Hazlo como te parezca mejor.

5. Trabajo tanto como tú, así que no te quejes.

6. Como no te lo comas, ya verás.

7. Es tan obsesivo y perfeccionista como su padre.

8. Tú móntalo como indican las instrucciones, que para algo están.

9. Como te han ascendido, no quieres saber nada del pueblo llano.

10. Como no me dijiste que ibas a venir, no te esperé.

11. Píntalo como te hayan mandado.

12. Como sigas llevando esta vida, terminarás mal.

13. Como se cree más listo que nadie, se permite ciertas licencias.

3.2. Estos son los diferentes significados de *como*. Completa el cuadro con las frases de la actividad anterior.

> **Valores de *como***
>
> 1. Causal.
>   Modo: .... Frases: ☐ ☐ ☐
> 2. Modal
>   a. Modo: .... cuando se refiere a un hecho.
>   Información conocida. Frase: ☐
>   b. Modo: .... cuando se deja la decisión al interlocutor. Información no conocida.
>   Frases: ☐ ☐ ☐
>
> 3. Condicional. Modo: ....
>   Diferentes significados:
>   a. Amenaza. Frases: ☐ ☐
>   b. Advertencia. Frases: ☐ ☐
> 4. Comparativo.
>   Modo: .... Frases: ☐ ☐

3.3. Completa con el tiempo y modo correcto.

[1] Como te *(ir)* .... antes de que terminara, te perdiste lo mejor del concierto.

[2] Como *(salir)* .... tú sola por esa zona, vas a pasar miedo. Así es que piénsatelo.

[3] No me gusta mucho como te *(cortarse)* .... el pelo.

[4] No sé, hazlo como te *(parecer)* ...., al final vas a hacerlo como tú quieras.

[5] ¿Por qué no lo haces como te *(decir)* .... ellos ayer? Parecía que sabían lo que decían.

[6] Perdone, pero ya he llamado tres veces... como no me *(dar)* .... una solución pongo una reclamación ahora mismo.

[7] Léete el archivo que te han mandado, y hazlo como *(poner)* ....

[8] Como no te *(ponerse)* .... a la sombra, te vas a achicharrar.

[9] Es verdad, no quedó muy bien, pero lo hice como *(poder)* ....

[10] ¡Es tan soberbio y exigente como su padre lo .... *(ser)* siempre, así es que no sé por qué te sorprendes tanto.

3.3.1. ¿Qué significado tiene *como* en cada frase?

3.4. Elige dos de las frases anteriores y crea dos diálogos con ellas. Piensa en los siguientes aspectos.

1. Frase elegida	**2. Frase elegida**
Situación. (Descríbela teniendo en cuenta: personajes, relación entre ellos, lugar en el que están, razón de la conversación, toda la información que consideres necesaria para entender el diálogo...)	**Situación.** (Descríbela teniendo en cuenta: personajes, relación entre ellos, lugar en el que están, razón de la conversación, toda la información que consideres necesaria para entender el diálogo...)
Diálogo	**Diálogo**

Unidad 2

Frente al televisor

Tareas:

- Elegir al más adicto a distintos aparatos de la clase.
- Debatir sobre la adicción a las series televisivas.
- Escribir la sinopsis de un culebrón.
- Representar un diálogo con expresiones de ánimo y consuelo.
- Elaborar reglas de ayuda para evitar errores lingüísticos.
- Participar en un foro de lenguas.

Contenidos funcionales:

- Afecto y empatía: *te adoro/te deseo/me atraes/ mi vida.*
- Advertir, animar, tranquilizar y consolar.
- Opinar sobre un programa.

Contenidos lingüísticos:

- Diminutivos: formación y valores.
- Errores del español.
- Variedad del español de América.

Contenidos léxicos:

- Vocabulario de televisión y redes sociales.
- Léxico de relaciones sociales y amorosas.
- Coloquialismos.
- Vocabulario de noticias.
- Léxico hispanoamericano.
- Palabras que cambian de significado por derivación.

Contenidos culturales:

- Programas populares de la televisión.
- Culebrones históricos.
- *El dardo en la palabra*, Lázaro Carreter.
- Juan José Millás.

I Enganchados a la pantalla

I.I. Vamos a elegir al más tecnoadicto de la clase. Piensa en tus respuestas al siguiente cuestionario y complétalo con tres preguntas más.

1. ¿Ves mucho la tele? ¿Cuántas horas pasas a la semana viendo programas de televisión?

2. ¿Cuáles son tus programas favoritos?, ¿y los que no aguantas?

3. ¿Recuerdas el título de programas que veías en tu infancia?

4. ¿Ves programas televisivos en el ordenador?, ¿y escuchas en él la música?

5. ¿Cuántas horas al día te pasas delante de tu ordenador?

6. ¿Cuántas tabletas tienes (i-Pad, i-Pod, etc.)?

7. ¿Tienes muchos videojuegos? ¿Cómo los consigues?

8. ¿Podrías pasar más de una semana sin tu móvil?, ¿y sin conectarte a Internet?

9. ¿En cuántas redes sociales participas habitualmente?

10. ....

11. ....

12. ....

I.I.I. Levántate para preguntarles al resto de los compañeros y, entre todos, decidid quién es el más tecnoadicto de la clase.

1.1.2. 🔊 **[4]** **Escucha la siguiente noticia sobre la adicción a las redes sociales y contesta las preguntas.**

[1] ¿Quién suele darse cuenta de que existe una adicción de este tipo?

[2] ¿Cómo se llama la asociación que ayuda a prevenirla?

[3] ¿Cómo es el perfil de público más propenso a sufrir esta adicción?

[4] ¿Por qué *Facebook* resulta una plataforma muy adictiva?

1.1.3. 🗣 **Comenta con tus compañeros tu opinión sobre la noticia que acabas de oír.**

1.2. ✏️ **Mira el siguiente vocabulario, pregunta a tus compañeros o a tu profesor el que no entiendas y, en parejas, completad el mapa mental.**

- el parte meteorológico
- dar a conocer un rumor/un dato
- (apto) para todos los públicos
- poner/mandar un mail/WhatsApp/SMS
- tener mucha audiencia
- adjuntar un archivo

- enviado/a especial
- telenovelas
- un programa televisivo
- telespectador/a
- bajarse/descargarse una peli/un disco/vídeo
- noticiarios
- pasar el rato

- cambiar de canal/cadena
- noticia de última hora
- tuitear
- corresponsal
- culebrones
- anuncios
- presentador/a

1. Programas: telediarios, concursos, informativos, espacio publicitario, *magazines*, ...
....
....
....

2. Personas: teleadicto/a, cámara, redactor/a, concursante, ...
....
....
....
....

TELEVISIÓN

3. Verbos: zapear, enterarse de una noticia por casualidad/casualmente, declarar, anunciar, seguir/grabar/perderse un programa, estar enganchado/a a una serie, ...
....
....
....

4. Otros: emisión en directo, televisión por cable/vía satélite/digital/analógica, noticia fiable/oficial/extraoficial, ...
....
....
....
....

5. chatear, tuit, tuitero, seguidor, etiqueta, etiquetar, tema del momento o tendencia, mantener/establecer la comunicación/el contacto, colgar algo en un blog/el muro, tener perfil o cuenta, blogosfera, emoticono, ...
....
....
....

REDES SOCIALES

1.2.1. Formad grupos de tres estudiantes para practicar el vocabulario anterior siguiendo las instrucciones del profesor.

1.3. Lee la siguiente noticia acerca de la adicción a las series televisivas y completa los huecos con las palabras cuya definición aparece después del texto.

Bulímicos de las series

La televisión por cable, el DVD e Internet cambian la forma de consumir y producir ficción. Los proyectos son de mayor calidad y de acceso mucho más fácil: ya no hay por qué esperar.

MACARENA SALVADOR | MADRID 31 JULIO 2012

La primera temporada de *Sexo en Nueva York* en dos días. La última de *Los Soprano* en un fin de semana. Tres temporadas de *Perdidos* en dos semanas. Las series enganchan. Ese es su objetivo. La posibilidad de hacerse con ellas en DVD o en Internet hace que sus seguidores ya no se vean forzados a esperar una semana entera para saber qué ocurrirá con los protagonistas de esas historias. Para muchos **(a)** _____, la expresión "*to be continued*" (continuará) no significa el comienzo de una agónica espera, sino un suma y sigue en un maratón hasta altas horas de la madrugada.

El enganche a una ficción no es un fenómeno nuevo. En el siglo XIX, los lectores de novelas **(b)** _____ estadounidenses acudían en masa al puerto a esperar las nuevas aventuras de la historia dickensiana del momento e incluso preguntaban a gritos a los pasajeros del barco, que ya habían leído la siguiente entrega, qué iba a ocurrir.

Algo parecido está ocurriendo con las series en la actualidad. Lo que entonces era la publicación de las entregas en forma de libro, hoy es la edición en DVD de la serie completa. La llegada del DVD como soporte cambió radicalmente la forma de consumir series. ¿A qué responde esta nueva forma de consumir, de forma **(c)** _____, capítulo tras capítulo de una serie? ¿Son más adictivos los programas ahora? Para el guionista Nacho Faerna, la explicación a estos enganches está en la calidad de las ficciones. "El cambio fundamental se produjo a finales de los noventa, cuando HBO empezó a hacer series. *Los Soprano* lo cambió todo. Cuando las cadenas de cable se lanzaron a la ficción se produjo un salto cualitativo. Los guionistas empezaron a disfrutar de mayor libertad creativa y a tener el control de las series. Se **(d)** _____ proyectos más ambiciosos desde un punto de vista dramático".

Salvat también coincide en señalar a la serie de los mafiosos de Nueva Jersey como un hito televisivo. "Es una serie perfecta. La ha visto poca gente, pero los que la han visto hablan muy bien de ella. **(e)** _____ funcionó muy bien en este caso. Y la mayoría de la gente la vio en DVD. Muy poca gente la ha visto en televisión".

Isabel Vázquez, guionista y profesora de la Universidad Europea de Madrid, señala como decisivo en este fenómeno la facilidad de acceso a las series: "Hay más series buenas y el acceso legal es más fácil y más barato de lo que nunca ha sido". Desde su propia experiencia profesional y personal, no hay un tipo claro de serie que lleve a los **(f)** _____. *Breaking bad, Los Soprano, Mad Men, The Wire*… Muchas series y muy diferentes son las que los seriéfilos suelen mencionar cuando recuerdan sus propios maratones. Pero en la diversidad se puede observar cierta preferencia por las comedias: ficciones de menor duración, de consumo más ligero y que ayudan a **(g)** _____ e invitan a un consumo bulímico como *Friends*.

Sin embargo, para Nacho Faerna, que ha participado en los guiones de *El comisario* y *La fuga*, "esa forma de consumo bulímica obedece a factores que nada tienen que ver con el mercado al que están dirigidas las

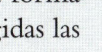
Continúa ▶

series en primera instancia. El espectador americano ve los capítulos en emisión, semana a semana. Aquí esa misma serie tarda en (h) .... varios meses o no llega nunca, y por eso la gente se la baja de Internet o la compra en DVD".

Siempre que se piensa en atracones de series, los títulos que vienen a la cabeza son extranjeros, especialmente estadounidenses. "La nuestra todavía es una industria muy joven y cometemos muchos errores. Uno de ellos es despreciar al espectador más exquisito, el (i) .... a adquirir temporadas enteras de una serie en lugar de verla en la televisión. Esto está provocando, por ejemplo, que la gente joven se esté distanciando de la televisión convencional", afirma Natxo López.

Gracias a Internet, los seguidores de las series tienen más fácil el acceso a sus programas favoritos. "Me permite verlas cuando quiero y cuando puedo", señala Álvaro Pardinas. "Siempre prefiero disfrutar de una serie en grandes dosis. El capítulo semanal (j) ....". Además, la red de redes pone en contacto a serieadictos, que expresan en foros y blogs sus ideas y opiniones sobre sus programas favoritos. Los *fans* de *Perdidos*, con sus cientos de teorías sobre lo que ocurría en esa isla del Pacífico, fueron pioneros en el auge que supuso la relación entre Internet y las series.

(Extracto de *El País*, 31 de julio de 2012)

Definiciones:

[a] Adjetivo para designar a las personas adictas a las series de televisión (en plural).

[b] Forma de distribución de una publicación por partes.

[c] Consumir algo con apremio.

[d] Emprender o plantear un negocio o asunto.

[e] Forma de transmisión de algo a través de los comentarios de unos y otros.

[f] Se dice cuando se consume algo en gran cantidad y con rapidez, especialmente comida (en plural).

[g] Sinónimo de evadirse.

[h] Lanzar un producto en radio, televisión.

[i] Inclinado o propenso a algo.

[j] Expresión para explicar que te quedas con ganas de algo.

1.3.1. Se dice que el mejor cine se proyecta en televisión, haciendo alusión a la gran calidad de muchas series televisivas. ¿Qué piensas de lo que se dice en el artículo anterior? Escribe tres preguntas para hacer a tus compañeros y habla con ellos del tema.

- ¿Has estado enganchado alguna vez a una serie televisiva?
- ¿Has visto alguna de las mencionadas en el artículo?
- ....
- ....
- ....

1.4. Lee la siguiente definición y piensa a qué tipo de programa se está refiriendo. Expresa tu opinión sobre este tipo de series televisivas.

Programas de televisión diarios de producción básicamente latinoamericana, cuya principal trama argumental gira en torno a una historia de amor difícil y melodramática. El género goza de un gran resurgir y atesora increíbles índices de audiencia de sobremesas y tardes en cualquiera de los muchos países donde se emiten sus productos estrella.

I.4.I. **Las telenovelas constan de episodios diarios cuyos finales siempre quedan en suspense para el próximo capítulo. Te presentamos algunas de las que han gozado de mayor fama internacional: relaciona el argumento con su título.**

① *Pasión de gavilanes* (Colombia, 2002-2003) •

• ⓐ Aprendimos todas las claves del género a mediados de los ochenta con esta primera telenovela que Venezuela exportó con éxito, y quedamos absolutamente atrapados por la historia de aquella chica huérfana que empezaba su carrera como modelo y quedaba prendada del apuesto Luis Alfredo. Después de ella nos llegarían *Topacio* (1984) o *Corazón salvaje* (1993).

② *Yo soy Betty, la fea* (Colombia, 1999-2001) •

• ⓑ Llegó al *Libro Guinness de los récords* como la serie en español que se había emitido en un mayor número de países: 128, desde Japón hasta Indonesia o Rusia, pasando naturalmente por España. Es la historia de una hermosa bailarina gitana enamorada del hombre que la cree culpable de la muerte de su hermano. Y es que parece que una historia de amor imposible es el elemento perfecto para conseguir que un argumento sea universal.

③ *Kassandra* (Venezuela, 1992) •

• ⓒ Los hermanos Reyes deciden vengarse del hacendado Elizondo, al que culpan de haber seducido engañosamente a su hermana menor y llevarla al suicidio. Para ello quieren atraer a sus tres hijas. Sus planes se tuercen cuando conocen a las jóvenes y no pueden evitar enamorarse de ellas...

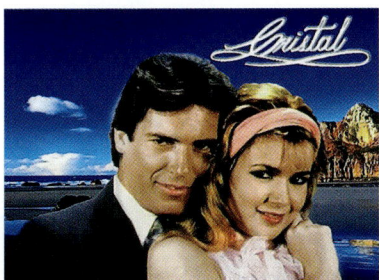

④ *Cristal* (Venezuela, 1985) •

• ⓓ Una historia que, con grandes dosis de humor, cuenta cómo una nada atractiva pero eficiente joven se promociona en la empresa de moda donde trabaja y acaba liada con su jefe. En 2010 entró en el *Libro Guinness de los récords* como la telenovela más exitosa de la historia, al ser emitida en más de 100 países, ser doblada a 15 idiomas y al contar con unas 22 adaptaciones alrededor del mundo.

(Adaptado de *http://www.kane3.es/television/telenovelas-enganchados-al-melodrama.php*)

1.5. Estas historias repletas de personajes jóvenes y guapos, siempre presentan una pareja protagonista alrededor de cuyo amor y desamor se desarrolla la trama principal. Mira este léxico y complétalo con las expresiones que encontrarás por las paredes de clase. Pregunta a tu profesor lo que no entiendas.

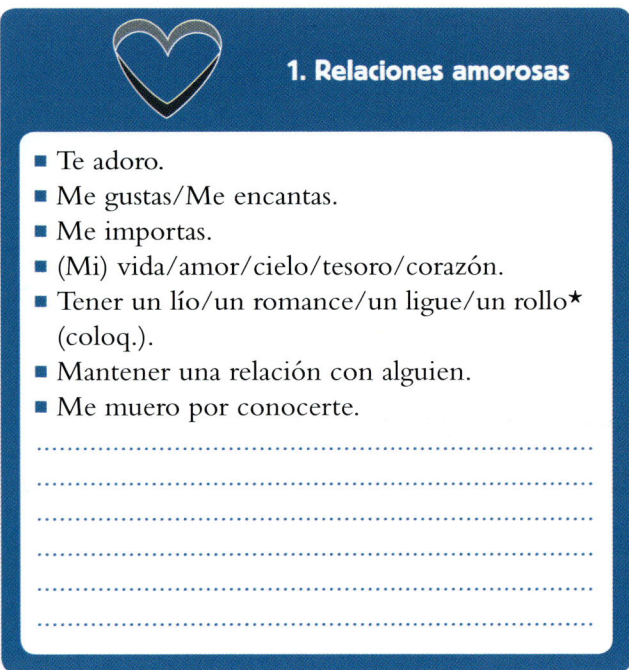

1. Relaciones amorosas

- Te adoro.
- Me gustas/Me encantas.
- Me importas.
- (Mi) vida/amor/cielo/tesoro/corazón.
- Tener un lío/un romance/un ligue/un rollo★ (coloq.).
- Mantener una relación con alguien.
- Me muero por conocerte.

....
....
....
....
....
....

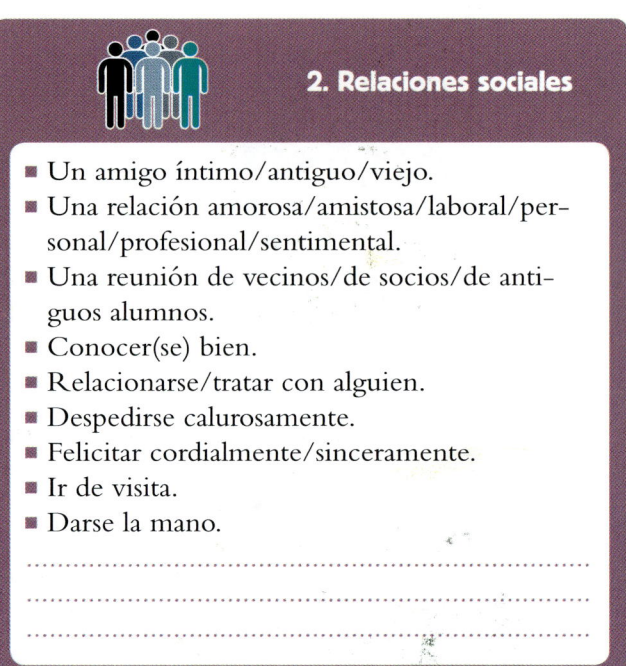

2. Relaciones sociales

- Un amigo íntimo/antiguo/viejo.
- Una relación amorosa/amistosa/laboral/personal/profesional/sentimental.
- Una reunión de vecinos/de socios/de antiguos alumnos.
- Conocer(se) bien.
- Relacionarse/tratar con alguien.
- Despedirse calurosamente.
- Felicitar cordialmente/sinceramente.
- Ir de visita.
- Darse la mano.

....
....
....

1.5.1. Mira la tarjeta que te dará tu profesor y haz mímica para que tus compañeros adivinen la expresión.

1.5.2. Elige tres palabras de la siguiente lista. En tríos, escribid el título y una breve sinopsis de una telenovela con las palabras que hayáis escogido.

Amor imposible   SUICIDIO   Hundirse el velero   Sufrimiento

Horfanato   Playa paradisíaca   VENGANZA   Rancho

Incendio provocado   Traición   Caerse del caballo   ESTAR CEGADO/A

No tener escrúpulos   Adicción   Cortarse el pelo   Embarazo no deseado

LLAMADA DE AUXILIO   Gente corriente

2 Los *reality*, concursos y *magazines*

2.1. Te presentamos títulos de populares programas hispanos de todos los tiempos, muchos de formato internacional. Habla con tu compañero sobre ellos e imaginad a qué tipo de espacio pertenecen.

Gran Hermano	Saber y ganar	Creciendo juntos
Pesadilla en la cocina	Más allá de la vida	La Chisme
Más Gente	La Voz	Calle

2.1.1. Escucha una crítica a dos de estos programas y completa la tabla con todo el vocabulario que te parezca que tiene una connotación positiva o negativa.

Connotación positiva	Connotación negativa

2.1.2. Piensa en programas de televisión que conoces y habla con tu compañero sobre ellos justificando la elección.

Un programa que te resulte ñoño.
Un programa brillante.
Un programa que sea un soberano plomazo.
Un programa divulgativo.

2.2. Recientemente la Real Academia de la Lengua Española ha admitido vocablos, que, sin duda, vas a oír en la radio o la televisión o vas a leer en la prensa. Lee el siguiente fragmento y piensa con tu compañero si estás de acuerdo con lo que en él se dice.

Nuevas palabras tienen ya su entrada en el diccionario: *calimocho, encefalopatía, facha, flipar, guaperas, ikurriña, maruja, mogollón, molar, peatonalizar, pijo, posmoderno, sobreactuar, sociabilización, transfuguismo, transgénico, zapear,* etc. Pero solo un corpus periodístico puede contextualizar adecuadamente la mayor parte de estas unidades léxicas.

Hoy día, la verdadera Babel comunicativa no está representada por la multiplicidad de lenguas habladas, sino por la disparidad de significados y valores con que empleamos las mismas palabras. Pues si es cierto que vivimos en una "sociedad mundial" o globalizada, también es verdad que no tenemos un *mundo común*. No podemos, por tanto, obviar una realidad social que posee correlato lingüístico, y, por tanto, implicaciones comunicativas. De lo contrario, ¿qué sentirá un aprendiz de español como segunda lengua, cuando al salir del aula se encuentre palabras como *bocata, chuleta, curro, depre, jeta, madero, masoca, muermo, pasma, pasota, pasta, privar,* etc.? Sencillamente que existe una separación entre lo que aprende en clase de lengua y lo que ve reflejado en el habla coloquial, e incluso lee o escucha en los medios de comunicación.

(Adaptado de *http://cvc.cervantes.es/ensenanza/biblioteca_ele/asele/pdf/14/14_0320.pdf*)

2.2.1. En parejas, intentad escribir el significado de alguno de estos coloquialismos que conozcáis.

1. Un calimocho: ....
2. Ser un/a facha: ....
3. Ser un/a pijo/a: ....
4. Usar una chuleta: ....
5. Ser un/a jeta: ....
6. Un madero y la pasma: ....
7. Tener pasta: ....
8. Ser un muermo: ....
9. Privar: ....
10. Molar: ....
11. El curro: ....

2.2.2. Lee la definición que te va a dar tu profesor para comprobarlo.

2.2.3. Practica este vocabulario jugando al *Pictionary*.

2.3. En los concursos televisivos se suelen escuchar muchas expresiones de ánimo y consuelo. Juega al dominó para aprender alguna de ellas.

2.3.1. Completa las tres columnas con las expresiones aprendidas en el dominó.

Advertir	Tranquilizar y consolar	Animar
• Te aviso (de)/recuerdo/ advierto... • Mira (bien) por dónde vas.	• Tranquilízate / Cálmate / Relájate. • (Seguro que) no es nada. • Todo se va a arreglar. • Todo tiene solución. • Venga. • Ánimo. • Anímate.	• ¡Vamos! • ¡Venga! • Lo conseguirás. • ¡Atrévete! • ¡Anímate!

2.3.2. Prepara con tus compañeros un diálogo que incluya el mayor número posible de estas expresiones.

2.4. Otro recurso lingüístico muy usado en *magazines* y programas de entretenimiento es el diminutivo. Mira las siguientes viñetas y describe con tu compañero el valor expresivo de este en cada situación.

2.4.1. La pauta para la creación de los diminutivos obedece en gran medida a los usos locales o particulares del hablante, pero sirven para la formación de la mayoría de ellos. Lee el texto que te va a dar tu profesor para aprender algo más sobre su construcción.

2.4.2. Explica al resto de tus compañeros lo que has aprendido sobre la formación de palabras en diminutivo y toma nota de lo que más te interese.

Formación de diminutivos

2.4.3. 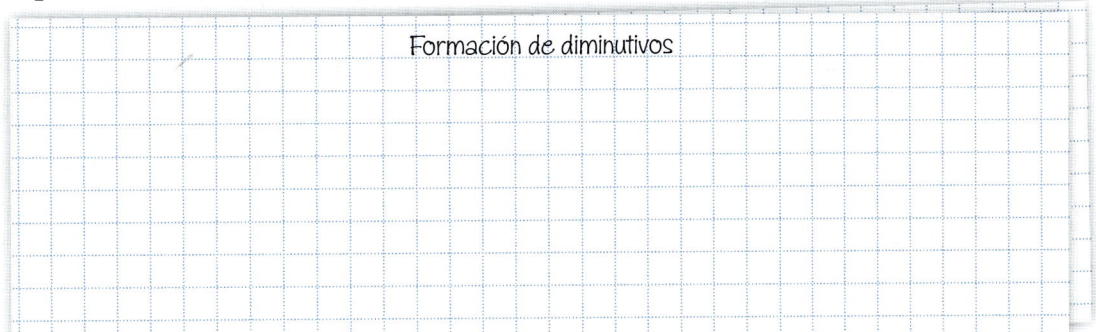 Mira los siguientes pares de palabras y habla con tu compañero sobre las diferencias de significado.

| palabra | palabrota | | red | redecilla | | cama | camilla | | langosta | langostino |
| historia | historieta | | calle | callejón | | guerra | guerrilla | | salchicha | salchichón |

3 Informativos y noticiarios

3.1. ¿Ves programas informativos en la tele? Estas son algunas secciones de los noticiarios. Comenta con tu compañero en qué orden suelen aparecer, qué te interesa más y qué menos y por qué.

| Deportes | Parte meteorológico | Cultura |
| Información nacional | Actualidad internacional | Economía |

3.1.1. Lee los siguientes titulares y piensa a qué sección pertenece cada noticia.

① **El éxito del sastre global.** Inditex ha triplicado su valor con la crisis y ha colocado a su creador, Amancio Ortega, entre los tres más ricos del mundo. La empresa nada a contracorriente batiendo récords.

② **La mítica relación entre autoestima y éxito en tela de juicio.** Las investigaciones sugieren que cada vez más estudiantes piensan que son algo especial. Generalmente, la alta autoestima se tiene por algo bueno. Pero, ¿puede mucha autoestima hacer menos exitosa a la persona?

③ **Un automovilista fue baleado frente a su hijo en el bulevar Los Próceres.** La víctima fue trasladada por bomberos municipales al Hospital General San Juan de Dios, y se identificó como Omar Cuellar.

④ UGT y CC.OO. dicen que la bajada de sueldos en Ikea o El Corte Inglés perjudicaría al consumo. La patronal de los grandes almacenes pretende recortar salarios y eliminar una paga extra, algo que puede ser "mortífero" para estos negocios, según los sindicatos.

⑤ España, en cuartos tras arrollar a Serbia. Los de Valero Rivera destrozan a los balcánicos (20-31) y lucharán con Alemania por un puesto en semifinales del Mundial de balonmano.

⑥ Obama promete igualdad, justicia social y paz tras un primer mandato marcado por la crisis y la guerra. El primer presidente negro de la historia del país volverá a tomar posesión del cargo en una ceremonia pública a la que asistirán la mitad de seguidores que hace cuatro años.

⑦ La nieve y el viento ponen en alerta a toda España. El temporal será especialmente intenso en Galicia, la cornisa cantábrica y el centro peninsular.

3.1.2. Para la siguiente actividad vais a consultar la página *web* del diccionario de la RAE (*www.rae.es*). Observa algunas abreviaturas que vais a encontrar y que pueden ser de gran ayuda: completa las que falten.

adj.: adjetivo	inf.: infinitivo	pron.: ....
adv.: adverbio	intr.:	s.: ....
conj.:	irreg.: irregular	sing.: singular
ej.: ejemplo	m.: masculino	v.: verbo
f.: femenino	pl.: plural	vulg.: ....
imperat.: imperativo	prep.: preposición	

3.1.3. Vamos a centrarnos en los primeros cuatro titulares de la actividad anterior. Antes de escuchar, en parejas, decidid a cuál de esas cuatro noticias creéis que pertenecen los siguientes grupos léxicos y marcadlo en la columna correspondiente

Antes de escuchar					Después de escuchar			
1 2 3 4				**1.** un almuerzo austero	1 2 3 4			
1 2 3 4				**2.** modestia y humildad	1 2 3 4			
1 2 3 4				**3.** resultar ileso	1 2 3 4			
1 2 3 4				**4.** disparar	1 2 3 4			
1 2 3 4				**5.** agravar la situación	1 2 3 4			
1 2 3 4				**6.** estar en boca de medio mundo	1 2 3 4			
1 2 3 4				**7.** un dramático aumento	1 2 3 4			
1 2 3 4				**8.** la caída del consumo	1 2 3 4			
1 2 3 4				**9.** ser peor el remedio que la enfermedad	1 2 3 4			

Unidad 2

1 2 3 4	**10.** inaugurar a bombo y platillo	1 2 3 4
1 2 3 4	**11.** el estilo de crianza	1 2 3 4
1 2 3 4	**12.** reducir el empleo	1 2 3 4
1 2 3 4	**13.** luces y sombras	1 2 3 4
1 2 3 4	**14.** hijastro	1 2 3 4
1 2 3 4	**15.** ser superior al promedio	1 2 3 4

3.1.4. Escucha las dos primeras noticias y marca en la columna 'Después de escuchar' las palabras de la lista que aparecen en ellas, ¿habías acertado?

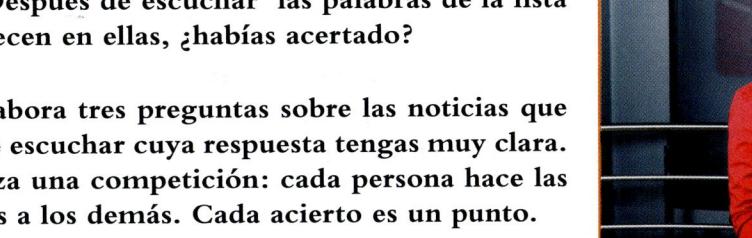

3.1.5. Ahora elabora tres preguntas sobre las noticias que acabas de escuchar cuya respuesta tengas muy clara. Y empieza una competición: cada persona hace las preguntas a los demás. Cada acierto es un punto.

3.2. La tele, la prensa e Internet propagan alteraciones idiomáticas y errores lingüísticos. Lee uno de los siguientes textos y comenta con tus compañeros qué problemas del español ilustra.

Texto A

Hace muy poco, cosa de meses, ha surgido otro grupo resistente [de maltratadores de la lengua], cuya vigilancia urge. Forman la cofradía de esta nueva necedad, fundamentalmente, informadores de prensa, radio y televisión; pero es posible que ya se les hayan sumado otros adheridos. Consiste la moderna sandez en construir oraciones con un infinitivo y con función subordinante. He aquí un ejemplo: "Siguen manifestándose los vecinos del barrio de maravillas, como protesta de los ruidos que en él se producen todas las noches. Ayer desplegaron varias pancartas… Anunciaron que se concentrarían el día… Señalar, por último, que, según declaran algunos, están dispuestos a pasar a la acción directa". Ahí está el monstruito que algún degenerado engendró, y al que insuflan vida poderosa los medios de comunicación.[…] No es solo señalar el verbo privilegiado con tan pedestre oficio, sino también otros varios, como anunciar, recordar, puntualizar, advertir y varios más. La anómala oración que constituyen suele ir como remate del texto informativo (de ahí el por último que los acompaña), pero, en los últimos días, se observa que el engendrillo tiene tendencia a trepar hacia lugares más altos de las noticias.

(Extracto de Lázaro Carreter, *El dardo en la palabra*)

Texto B

La lengua y la informática

Una cosa incomprensible de la informática es que le obligue a uno a escribir mal. Todo junto, sin acentos, sin mayúsculas, sin eñes. Los habitantes del correo electrónico y de Internet en general parecen afásicos, como si les hubieran dado un golpe en la cabeza. Al principio uno se rebela, pero llega un momento en que si persistes en utilizar las mayúsculas, los acentos, las eñes, incluso la sintaxis, en el espacio cibernético, te toman por un psicópata. No sabe uno cómo explicar que escribiendo mal es imposible pensar bien. Pero quizá lo que se esconde tras las órdenes del todo junto, sin acentos, sin mayúsculas, sin eñes, sin sintaxis, se resume en esta otra: sin pensamiento, por favor.

De hecho los diccionarios incorporados a los procesadores de textos, carísimos por cierto, tienen un vocabulario tan pobre como el inglés del aeropuerto: sirven para averiguar dónde está el cuarto de baño,

Continúa ▷

pero no proporciona elementos de juicio para saber de qué modo se utiliza una letrina o se tira de la cadena. Es cierto que uno puede ir enriqueciéndolo con la incorporación de nuevos términos, aunque para ello es necesario tener una cultura previa que al contacto con la informática puede deteriorarse, sobre todo si uno cae en el desvarío dadaísta de activar el corrector sintáctico.

Yo creo que lo que sucedió en Babel no fue que Dios confundiera a los hombres dotándolos de diferentes lenguas, sino que les obligó a usar mal la que tenían: todo junto, sin acentos, sin mayúsculas, sin eñes, sin sintaxis: sin pensamiento. Pero sin pensamiento, por rudimentario que sea, no se puede levantar ni una modesta construcción de Lego; mucho menos un cúmulo de saberes desde los que alcanzar el cielo. Nuestra torre de Babel es la informática, y ya ha comenzado a confundirnos.

(Juan José Millás, artículo de *El País*)

3.3. **Las frases que te presentamos son incorrectas y responden a errores muy frecuentes del español. Corrígelas y piensa qué tipo de error se ha cometido en cada caso.**

[1] Estoy segura que no llamará hasta mañana.

[2] No pienso de que sea cierto lo que ha dicho.

[3] No hay nadie delante mío.

[4] Asistieron a la cena un centenar de personas.

[5] Han habido muchos muertos en la última operación salida.

[6] Tengo un amigo que su padre es policía.

[7] Mis amigos han estado en Pirineos.

[8] Volvemos en unos instantes.

3.3.1. **Piensa en los errores que sueles cometer al hablar español y coméntalo con tus compañeros. Decidid alguna regla que os ayude a evitarlos.**

Ej.: – A mí me parece que sería una buena idea que creáramos un código en clase para usar cuando se pronuncie mal una palabra.

– ¡Genial! Podríamos ponernos de pie o algo así, ¿qué os parece?

3.4. **Preparad un debate sobre la situación lingüística de vuestros países. En dos grupos, elaborad una lista de los temas que queréis tratar y pensad argumentos a favor o en contra.**

	Tema	A favor	En contra
1.	La desaparición de lenguas minoritarias.	El esfuerzo económico que supone su mantenimiento es, quizás, demasiado grande.	- Se pierde parte de la cultura de un pueblo. - El bilingüismo es muy positivo por…
2.	El estudio de coloquialismos en clase.		
3.	Los idiomas se enriquecen con préstamos de otras lenguas.		
4.	Otros…		

3.4.1. **Con los resultados del debate, escribid un resumen exponiendo vuestro punto de vista sobre la situación lingüística en el mundo en el blog de clase, o en el *Facebook* de la escuela. O buscad un foro de discusión en Internet donde defendáis vuestras opiniones.**

Unidad 2

4.1. El español de América, siendo la misma lengua, posee unos rasgos fonéticos, morfológicos y léxicos propios. Lee el siguiente titular: ¿entiendes su significado?

> **Después de currar está bien una guira antes de lanchear con un amigo, pero que no sea un pijo**

4.1.1. Intenta responder a las siguientes preguntas y, a continuación, lee el texto que te dará tu profesor para comprobar si está todo correcto.

1. ¿El español de qué orilla resulta más directo?
2. ¿De dónde crees que proceden algunos rasgos del español de América?
3. ¿Conoces otras palabras latinas para decir "cerveza"?
4. ¿Y "trabajo"?

4.2. Completa los ejemplos con los aspectos fonéticos que se comparte con el andaluz en gran parte del continente americano.

> confusión mutua de *r* y *l* ■ aspiración de la *h-* inicial ■ seseo
> ■ aspiración o pérdida de la *–s* final ■ yeísmo

[1] .... (pronunciación de *c* y *z* como *s*).
[2] .... (pronunciación de *ll* como *y*).
[3] .... (*mohca* por *mosca*).
[4] .... (*pielna* por *pierna*; *sordao* por *soldao*).
[5] .... (*h'ilo* por *hilo*).

4.3. Las diferencias léxicas se deben muchas veces a que América conserva palabras ya olvidadas en España, a la influencia por proximidad de extranjerismos o a metonimias completamente originales. Intenta relacionar la palabra americana con su correspondiente en España.

1. liviano ● ● a. taxista
2. balacear ● ● b. alquilar
3. ruletero ● ● c. al instante
4. parquear ● ● d. aparcar
5. luego ● ● e. cremallera
6. tinto ● ● f. falda
7. flux ● ● g. traje
8. amargoso ● ● h. disparar con bala de fuego
9. pollera (Argentina) ● ● i. ligero
10. rentar ● ● j. amargo
11. zipper ● ● k. café negro

Unidad 3

El tiempo pasa

Tareas:

- Crear un diccionario de términos políticos.
- Hacer un libro de citas de la clase.
- Comparar la historia contemporánea de los países de la clase.
- Elegir los momentos históricos que más han cambiado la vida de un país.

Contenidos funcionales:

- Expresar la concesión.
- Relacionar momentos en el tiempo pasado.
- Expresar la pasividad.

Contenidos lingüísticos:

- Estructuras reduplicadas con valor concesivo.
- Oraciones temporales en pasado.
- Estructuras de la voz pasiva.
- Usos del presente de indicativo.

Contenidos léxicos:

- Vocabulario relacionado con la política, la historia y la economía.

Contenidos culturales:

- La corrupción política.
- Dictaduras y revolución en América Latina.
- Las dos Españas.
- La transición española.
- La crisis financiera.

1 Frases que han hecho historia

1.1. Pensad en qué os evoca la palabra *política* y escribidlo en la pizarra.

POLÍTICA

promesas

1.1.1. Comentad en grupo lo que habéis escrito explicando vuestras razones.

> Yo he escrito promesas porque creo que toda la política se asienta en promesas que, dependiendo de si se cumplen por completo, si se cumplen a medias o no se cumplen, provocan en los ciudadanos sentimientos de alegría, insatisfacción o decepción.

1.1.2. Para ti, ¿qué significa la palabra *política*? Lee esta definición de Groucho Marx y escribe la tuya propia reflejando tu opinión.

> *La política es el arte de buscar problemas, encontrarlos, hacer un diagnóstico falso y aplicar después los remedios equivocados.*
>
> Groucho Marx, actor estadounidense.

1.2. Son muchos los personajes famosos que han hablado sobre política. Lee algunas citas y elige las dos que se identifican más con tus creencias.

1. El político se convierte en estadista cuando comienza a pensar en las próximas generaciones y no en las próximas **elecciones**.

Winston Churchill, político británico.

2. Tras un **recuento electoral**, solo importa quién es el **ganador**. Todos los demás son **perdedores**.

Winston Churchill, político británico.

3. Los políticos son como los cines de barrio, primero te hacen entrar y después te cambian el **programa**.

Enrique Jardiel Poncela, escritor español.

4. La diferencia entre una **democracia** y una **dictadura** consiste en que en la democracia puedes **votar** antes de obedecer órdenes.

Charles Bukowski, escritor estadounidense.

5. El **elector** goza del sagrado privilegio de **votar** por un **candidato** que eligieron otros.

Ambrose Bierce, escritor estadounidense.

6. Algunos políticos sostienen que la única manera de hacer seguro a un revolucionario es darle un **escaño** en el parlamento.

Clive Staples Lewis, escritor británico.

7. La **democracia** debe guardarse de dos excesos: el espíritu de desigualdad, que la conduce a la **aristocracia**, y el espíritu de igualdad extrema, que la conduce al **despotismo**.

Montesquieu, escritor y político francés.

8. La consecuencia de no **pertenecer a** ningún partido será que los molestaré a todos.

Lord Byron, poeta británico.

1.2.1. Observa las palabras destacadas de las citas anteriores y las que tienes a continuación, todas ellas están relacionadas con política y gobierno. Aclarad en grupo las dudas que tengáis y toma nota de lo que necesites.

Léxico de política y gobierno

▪ celebrar ▪ convocar ▪ ganar ▪ perder ▪ presentarse a	(las) elecciones	▪ (la) campaña ▪ (la) propaganda ▪ (el) programa ▪ (la) mesa	electoral

▪ (la) papeleta   ▪ (el) voto (en blanco/nulo)   ▪ (la) jornada de reflexión
▪ (la) urna   ▪ (la) abstención

....
....
....
....

1.3. El profesor os va a dar un tablero y unas fichas para hablar de experiencias, vocabulario y acontecimientos políticos.

1.4. Vamos a hacer nuestro diccionario de términos políticos. Repasa las actividades que hemos hecho, elige un término relacionado con política y escribe una definición para él.

14.1. Poned en común vuestras definiciones y elegid las que queréis que vayan en vuestro diccionario. Podéis empezarlo incluyendo las definiciones que más os han gustado de 1.1.2.

1.5. Esta nueva cita sobre política se puede relacionar con el tema de unas grabaciones que vamos a escuchar a continuación. Léela y piensa cuál puede ser ese tema.

> *Es muy difícil hacer compatibles la política y la moral.*
>
> Sir Francis Bacon, filósofo y estadista británico.

1.5.1. Vas a escuchar a tres periodistas opinando sobre la corrupción política. Relaciona cada grabación con su resumen correspondiente escribiendo el número en el espacio.

☐ **Un mal comienzo.**
El/la periodista reflexiona sobre las medidas que están intentando tomar los grupos políticos contra la corrupción.

☐ **Sin trucos, ni risas.**
El/la periodista asegura que el pueblo ya no aguanta más y que se rebela ante cualquier noticia relacionada con la corrupción.

☐ **Aplicar las recetas que prescribimos para la corrupción.**
El/la periodista reflexiona sobre los casos de corrupción política que difunden los medios de comunicación y concluye que estos deben hacer autocrítica.

(Adaptado de *http://www.cadenaser.com/podcast/*)

1.5.2. Las opiniones que acabas de escuchar se refieren a los múltiples casos de corrupción política que se han destapado desde principios de la década actual. Comenta con la clase:

- ¿Conoces alguno de esos casos?
- ¿Crees que la situación está mejorando o ha mejorado?
- ¿Piensas que tu país es un país limpio en cuanto a corrupción política?
- ¿Crees que el poder corrompe?
- ¿Qué parte de culpa tuvo la corrupción en la crisis de esa década?

I.6. 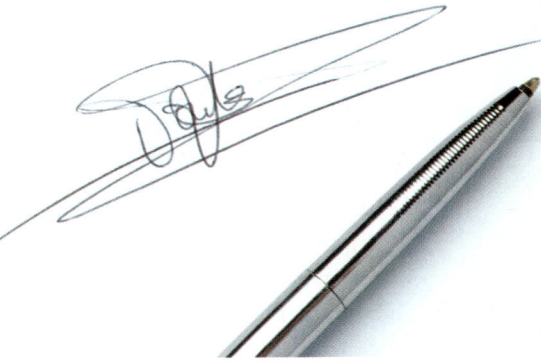 La historia se escribe con los actos y decisiones de algunas personalidades. Mira las firmas de personajes históricos que te muestra tu profesor, ¿sabes qué relevancia tuvieron estos personajes en la historia?

I.6.1. ¿Qué declararon o sellaron esas firmas? El profesor os va a entregar unas tarjetas, relacionadlas con los personajes anteriores.

I.6.2. Dejemos volar nuestra imaginación, supongamos que estas frases fueron producidas por los personajes anteriores. ¿Quién crees que podría haber dicho cada una de ellas? Coméntalo con un compañero.

[1] **Penséis lo que penséis**, estoy convencido de que la entrada en Europa nos favorece.

[2] **Me hayáis votado o no** (me hayáis votado) para ser presidenta, yo gobernaré para todos.

[3] **Si quieren venir al oeste, que vengan**, yo no voy a impedirlo.

[4] **Si os quejáis, quejaos**, pero estas serán las condiciones de la paz.

[5] **Estéis o no** (estéis) de acuerdo este régimen está caduco.

[6] **Me queméis o no** (me queméis), seguiré pensando lo mismo.

[7] **Cueste lo que cueste**, el trabajo hay que remunerarlo.

[8] **Pese a quien pese**, yo inventé el avión.

[9] Cariño, **si te enfadas, enfádate**, pero el mundo va a saber quién de los dos es el más listo.

[10] **Durmiera como durmiera**, siempre soñaba con microbios.

[11] **Caiga quien caiga**, lo mío es el espionaje.

[12] **Trabaje donde trabaje**, todo el mundo debería ganar lo mismo.

I.6.3. Observa las frases anteriores para completar el esquema.

> ### Oraciones con estructuras reduplicadas
>
> Son estructuras donde se repite un mismo verbo con valor concesivo. Pueden seguir los siguientes esquemas:
>
> **1. De relativo:**
>
> Verbo en (1) .... + (preposición) pronombre/adverbio (2) .... + verbo en (3) ....
>
> **2. Disyuntivas:**
>
> Verbo en (4) .... + ... + verbo en subjuntivo.
>
> **3. Condicionales** (además expresan indiferencia):
>
> (5) .... + verbo en indicativo + ⎡ imperativo.
> ⎣ (6) .... + ...

> ### Recuerda...
>
> En las estructuras disyuntivas los dos verbos pueden ser diferentes, en ese caso suelen ser de significados opuestos (...me quieran o me odien). Si es el mismo verbo, el segundo irá en negativo y se puede elidir (...me escuches o no).

1.7. ¿Quién crees que podría haber dicho estas frases? Selecciona la opción que te parezca más adecuada.

1. **La música nunca puede ser mala, digan lo que digan del *rock and roll*.**
   a. Justin Bieber.
   b. Elvis Presley.
   c. María Callas.

2. **Llueva o luzca el sol, estaré allí para verlo.**
   a. Un hincha de un equipo de fútbol.
   b. Un tenista.
   c. Un turista.

3. **Pase lo que pase, no te olvidaré.**
   a. Una madre a su hijo.
   b. Un alumno a su profesor.
   c. Una chica al novio que acaba de dejarla.

4. **Comas donde comas, que sea siempre verde.**
   a. Un eslogan vegetariano.
   b. Un vendedor de comida para caballos.
   c. Un médico.

5. **Si nos censuran, que nos censuren, no nos van a callar.**
   a. Un grupo de periodistas.
   b. Un grupo de manifestantes indignados.
   c. Un grupo de estudiantes.

6. **Si nos desalojan, que nos desalojen, buscaremos otro lugar.**
   a. Los trabajadores de una empresa.
   b. Un grupo de ocupas.
   c. Una familia de parados.

7. **No vamos a excluir a nadie, sea de la ideología que sea.**
   a. Un líder político.
   b. Un grupo de vegetarianos.
   c. El director de una empresa.

1.7.1. Poneos en tríos, comparad las selecciones que habéis hecho y discutid por qué.
–En la número 1 yo creo que María Callas no es porque era una cantante de ópera y...

1.7.2. En los mismos tríos vais a escribir dos frases de estructura reduplicada. Después vuestros compañeros tendrán que pensar en un posible emisor y un contexto para cada frase, ¿coincide con los que vosotros habíais pensado?

1.8. Vamos a hacer un libro de citas de la clase con frases de estructuras reduplicadas. Primero pensad en un emisor: vosotros mismos o un personaje histórico. Cuando las tengáis, ponedlas en común para elegir las que os parezcan más interesantes.

2 De las dictaduras a la democracia

2.1. ¿Qué sabes de la historia reciente de América Latina y España? Habla con un compañero para decidir si estas afirmaciones son verdaderas o falsas. Márcalo en la columna de la izquierda.

Antes de leer		Después de leer
V >>>>> F	**1.** A finales del siglo XX hubo un proceso de democratización que afectó a muchos países de América Latina.	V >>>>> F
V >>>>> F	**2.** La consolidación de los regímenes democráticos trajo consigo un gran avance económico.	V >>>>> F
V >>>>> F	**3.** La llegada al poder de Vicente Fox en México significó una vuelta al régimen autoritario.	V >>>>> F

V »»»» F	**4.** Venezuela aprobó su constitución en 1999 bajo el gobierno de Hugo Chávez.
V »»»» F	**5.** Las reformas sociales del brasileño Lula da Silva fueron contundentes y acabaron con la desigualdad social del país.
V »»»» F	**6.** Argentina se recuperó de una de sus peores crisis económicas con la llegada al poder de Kirchner.
V »»»» F	**7.** Al contrario que los países de América Latina, España ha gozado siempre de regímenes democráticos.

(columna derecha: V »»»» F en cada uno)

2.1.1. Lee este texto y comprueba vuestras respuestas. Marca la opción correcta en la columna de la derecha.

Las dictaduras militares de regímenes autoritarios que caracterizaron a los países de América Latina en la segunda mitad del siglo XX fueron desapareciendo a finales de siglo y dejando paso a la democracia que se extendió a la mayor parte del continente. Sin embargo, tras varios años de progreso político, no se consiguieron los avances deseados en los ámbitos económico y social, lo que propició que el tercer milenio arrancara con una profunda crisis de confianza popular en los líderes elegidos democráticamente. Llegados a ese punto la mitad de la población latinoamericana afirmaba preferir el régimen autoritario a la democracia.

Algunos de los principales cambios políticos que se produjeron a principios de este siglo van de norte a sur del continente. En julio de 2000 los mexicanos eligieron a Vicente Fox, primer presidente de la república que no pertenecía al PRI, partido que llevaba en el poder seis décadas. Este cambio supuso reformas que democratizaron el régimen político en México.

En Venezuela el militar Hugo Chávez ganó las elecciones por primera vez en 1998 e inició reformas que culminaron con la aprobación de los ciudadanos de la nueva constitución en diciembre de 1999. Chávez se convirtió en un líder populista defensor del nacionalismo y nacionalizaciones. Su actuación dividió profundamente al país, ya que supuso la vuelta de una vieja izquierda proclive a regímenes autoritarios y populares que para muchos significó el establecimiento de la dictadura personal de Chávez.

El punto de inflexión en Brasil está en 2003 cuando el sindicalista Lula da Silva llegó al poder, en ese momento se produjo un gran cambio en la tendencia política del país. Lula intentó compensar la profunda desigualdad social del país, pero su política fue bastante moderada.

Argentina pasó por una de las crisis económicas más devastadoras de su historia en 2001. El «corralito», la congelación de los depósitos bancarios, fue el último acto de una crisis que desencadenó una contundente respuesta social en las calles de las ciudades argentinas. En 2003 con la elección de Néstor Kirchner, procedente del peronismo y representante de la izquierda moderada, la situación mejoró poco a poco.

En el último cuarto de siglo, al otro lado del Atlántico, España también vivió una etapa de transición democrática después de haber sufrido un largo periodo de dictadura. El triunfo del socialista Felipe González en 1982 se interpretó como el fin de esa época de transición.

2.2. ¿Conoces a estos personajes históricos? Todos pertenecen a España o Hispanoamérica. Relaciónalos con estos temas (pueden estar vinculados a uno o dos).

- ⓐ Adolfo Suárez
- ⓑ Augusto Pinochet
① Dictaduras. •
- ⓒ Emiliano Zapata
- ⓓ Porfirio Díaz
- ⓔ Francisco Ignacio Madero
② Transición española. •
- ⓕ Juan Carlos I
③ Revolución cubana de 1959. •
- ⓖ Ernesto Guevara
- ⓗ Francisco Franco
④ Revolución mexicana de 1910. •
- ⓘ Fulgencio Batista
- ⓙ Pancho Villa
- ⓚ Fidel Castro

2.2.1. ¿A qué personaje de los anteriores corresponde cada una de las siguientes descripciones?

1. Militar que encabezó la dictadura de Chile de 1973 a 1990.
2. Presidente de México en varias ocasiones entre finales del siglo XIX y principios del XX.
3. Militar cubano que gobernó Cuba en dos ocasiones hasta que fue derrocado por la revolución cubana en 1959.
4. Revolucionario mexicano que lideró la revolución campesina en el norte del país.
5. Rey de España que asumió la jefatura del Estado después de la muerte de Franco.
6. Presidente de México autor del manifiesto que pedía el levantamiento contra Porfirio Díaz.
7. Primer presidente democrático, tras más de tres décadas de dictadura, que gobernó España entre 1976 y 1981.
8. Guerrero de la revolución cubana que murió en combate en 1969.
9. Militar revolucionario que digirió el régimen autoritario cubano de 1959 a 2011, año en que cedió los poderes a su hermano Raúl.
10. Militar español que gobernó en dictadura de 1939 hasta su muerte en 1975.
11. Revolucionario mexicano que lideró el levantamiento campesino en el sur del país.

2.3. Vas a utilizar la siguiente información para unir frases temporales. Léela y, si tienes dudas, resuélvelas con el profesor.

Oraciones adverbiales temporales en pasado

■ **Anterioridad**	*antes de*	+ infinitivo (el mismo sujeto). + *que* + subjuntivo (dos sujetos diferentes).
	después de	+ infinitivo (el mismo sujeto). + *que* + indicativo o subjuntivo (dos sujetos diferentes).
■ **Posteridad**	- Con significado de inmediatez: *tan pronto como* *en el momento (en) que* + indicativo. *apenas* *nada más* + infinitivo.	
	- Para marcar el límite a partir del que se inicia una acción: *una vez* *que* + indicativo. participio.	

Continúa ▶

■ Simultaneidad	cuando mientras tanto entretanto al mismo tiempo que	+ indicativo.
■ Delimitación	hasta	+ que + indicativo. + hace (tres años, dos meses...).

2.3.I. Une estas ideas utilizando los nexos temporales de la actividad anterior.

1 Franco murió el 20 de noviembre. / Juan Carlos I fue coronado el 27 de noviembre.
Apenas murió Franco, Juan Carlos I fue coronado.

2 Cristina Fernández fue senadora de 2001 a 2007. / Ganó las elecciones presidenciales argentinas en 2007.

3 El verano del año 2000 empezaron a circular sospechas de corrupción en el gobierno peruano de Alberto Fujimori. / Fujimori convocó elecciones anticipadas el 16 de septiembre de 2000.

4 Pinochet viajó a Londres el 22 de septiembre de 1998 con intención de volver un mes después a Chile. / El 16 de octubre fue retenido por el gobierno británico a petición de un juez español.

5 En 2012 el gobierno español realizó fuertes recortes sociales. / En 2012 la ciudadanía española se indignaba cada vez más ante la revelación de numerosos casos de corrupción.

6 En 1992 finalizó la guerra civil de El Salvador. / En enero del 92 el gobierno de derechas y varios grupos de izquierdas firmaron los Acuerdos de Paz en México.

7 A finales de octubre de 1998 el huracán Mitch pasó por el territorio nicaragüense. / En 1999 Nicaragua se enfrentó a una grave crisis económica y social.

2.4. Piensa en la historia contemporánea de tu país, ¿ha habido algún periodo de represión? Hablad con la clase y comparad la historia de vuestros países para ver cuál se parece más a lo que hemos visto en este epígrafe.

– *En Corea del Sur también vivimos dictaduras en la segunda mitad del siglo XX.*

3 Historia de España

3.I. Intenta poner en orden los versos de este poema del escritor Antonio Machado (1875-1939).

☐ Españolito que vienes al mundo, te guarde Dios.

☐ entre una España que muere y otra España que bosteza.

☐ Ya hay un español que quiere vivir y a vivir empieza,

☐ Una de las dos Españas ha de helarte el corazón.

3.I.I. Comprueba si lo has ordenado bien con tu profesor. ¿Sabes cuál es el tema del poema? Comentad en grupo la información que tengáis sobre ello.

3.2. Vamos a poner a prueba vuestros conocimientos sobre historia de España, concretamente sobre el periodo de la transición democrática. Marca la opción que creas correcta.

1. ¿Con qué hecho histórico comienza la transición española?
- ☐ La celebración de las primeras elecciones democráticas.
- ☐ La muerte del dictador Francisco Franco.
- ☐ La coronación del Rey Juan Carlos I.

2. El PCE (Partido Comunista de España) **fue legalizado...**
- ☐ en abril de 1977.
- ☐ después de las primeras elecciones democráticas.
- ☐ en noviembre de 1975.

3. ¿Cuándo **se celebraron** las primeras elecciones democráticas?
- ☐ El 22 de noviembre de 1975.
- ☐ El 15 de junio de 1977.
- ☐ El 1 de julio de 1976.

4. Esas primeras elecciones las ganó...
- ☐ UCD (Unión de Centro Democrático) con Adolfo Suárez.
- ☐ PSOE (Partido Socialista Obrero Español) con Felipe González.
- ☐ PCE (Partido Comunista de España) con Santiago Carrillo.

5. La Constitución Española de 1978 **la redactó...**
- ☐ el rey con el asesoramiento de tres expertos.
- ☐ el premio Nobel de Literatura Camilo José Cela.
- ☐ un grupo de siete políticos de diferentes tendencias ideológicas.

6. ¿Qué día **fue aprobada** por el pueblo la Constitución y desde entonces es fiesta nacional?
- ☐ El 6 de diciembre.
- ☐ El 12 de octubre.
- ☐ El 8 de diciembre.

7. La autonomía de Cataluña, que fue la primera, **está restablecida** desde...
- ☐ diciembre 1978.
- ☐ junio 1977.
- ☐ septiembre 1977.

8. ¿Qué hecho importante ocurrió el 23 de febrero de 1981?
- ☐ El Congreso **fue asaltado** por un grupo de militares que intentaron dar un golpe de estado.
- ☐ **Se legalizó** el divorcio.
- ☐ Cinco abogados sindicalistas **fueron asesinados** en su despacho de la calle Atocha por un grupo de extrema derecha.

9. En la época franquista había muchas prohibiciones, ¿cuáles de estas frases no es cierta?
- ☐ Los homosexuales **eran detenidos y encarcelados**.
- ☐ **La asignatura de religión católica la cursaban** obligatoriamente todos los estudiantes.
- ☐ El trabajo de las mujeres fuera de casa **estaba prohibido**.

10. ¿Qué país **se incorporó** a la Unión Europea junto a España en 1986?
- ☐ Grecia.
- ☐ Italia.
- ☐ Portugal.

3.2.1. **R** En el test anterior hay diferentes frases en forma pasiva. Lee estas explicaciones y completa los espacios mirando la actividad anterior.

Construcciones pasivas

1. Pasiva perifrástica de proceso: es la estructura pasiva por excelencia. Se utiliza para referirse a una acción que le ocurre al sujeto paciente y es más frecuente en la lengua escrita. Su complemento agente lleva la preposición *por*.

Estructura:
.... + ... (con concordancia en género y número).

2. Pasiva refleja: se utiliza sobre todo cuando no se explicita el complemento agente. Es la más frecuente en español.

Estructura:
.... + verbo en .... persona (del singular o el plural, depende del sujeto).

Continúa ▶

3. Pasiva perifrástica de resultado: se utiliza para referirse al estado resultante después de una acción (acción que puede ser expresada con la pasiva de proceso).

Estructura:
.... + ... (con concordancia en género y número).

4. Anteposición del objeto directo: es un recurso con significado equivalente a la pasiva. Es muy frecuente en la lengua oral.

Estructura:
.... (OD) + ... de OD + verbo.

3.3. ¿Conoces esta ciudad? ¿Sabes algo de su historia? Coméntalo con la clase.

3.3.1. [8] Escucha la historia de Madrid y contesta estas preguntas.

[1] ¿Quién hizo capital a Madrid? ....

[2] ¿Cuáles son las etapas fundamentales de la historia de Madrid?...........................
....

[3] ¿Qué se construyó en el siglo XV? ....

[4] ¿Qué edificó Felipe III en 1619? ....

[5] ¿Qué diseñó Crescendi?...

[6] ¿Qué instalaron en el siglo XIX sobre el edificio de Correos en la Puerta del Sol?
....

[7] ¿Sobre qué ruinas está edificado el Palacio Real?...

[8] ¿Qué inauguró Isabel II en 1850? ....

3.3.2. Escribe un texto sobre la historia de Madrid utilizando estructuras en pasiva. Utiliza la información de la actividad anterior. Trabaja con un compañero.

3.4. Todas estas frases tienen relación con la historia reciente de España, pero algunas tienen errores gramaticales. Poneos en tríos, marcad las correctas y corregid las incorrectas.

1. El derecho a huelga fue reconocido en marzo de 1980.

2. El consumo de drogas fue prohibido hasta 1983.

3. Los principales recortes sociales en democracia hizo el gobierno de Mariano Rajoy.

4. Tres días antes de las elecciones de 2004 se produjeron los atentados del 11-M contra varios trenes de cercanías en Madrid.

Continúa ▶

5. El 12 de marzo de 1986 la permanencia de España en la OTAN fue ratificada los españoles mediante un referéndum.

6. Los anticonceptivos están permitidos desde 1978.

7. El Valle de los Caídos lo construyeron por los presos republicanos, que habían perdido la Guerra Civil, durante la dictadura franquista.

8. El funcionario de prisiones José Ortega Lara estuvo secuestrado por ETA el 17 de enero de 1996, estuvo encerrado más de 500 días convirtiéndose así en el secuestro más largo de la organización.

3.4.1. Nos vamos a una subasta en la que se pueden comprar frases en pasiva. El profesor os dirá qué tenéis que hacer.

3.5. Uno de los hechos históricos más importantes de la historia reciente es la crisis financiera. Vas a leer un texto sobre este tema. El profesor os va a dar una ficha con vocabulario.

3.5.1. Completa el texto con las palabras de la actividad anterior. Trabaja con tu compañero.

CRISIS Y PRIORIDADES

Hace una década se produjo una crisis en el sistema financiero de un gran número de (1) .... Empezó por el Sureste Asiático. China la (2) ...., aunque se consideró que sus medidas habían sido poco ortodoxas.

En la primavera de 2000 los mercados financieros del mundo desarrollado (3) .... A nosotros como país también nos llegó. El (4) .... frente a aquella crisis fue más rápido de lo previsto, en el conjunto del sistema. Ahora, la crisis financiera internacional ha empezado por los países más desarrollados con una dimensión y calado que aún no podemos evaluar.

Como hace diez años tiendo a creer que la interdependencia, y por tanto el (5) ...., es una característica inseparable de la globalización de la economía y del sistema financiero en el mundo. Por eso, los efectos de esta (6) .... no se van a quedar en los mercados centrales, sino que se van a extender al resto. Empezamos a constatar consecuencias globales en aspectos diversos de la situación económica. Por ejemplo, las limitaciones o prohibiciones a la exportación de alimentos para enfrentar el (7) .... de los precios son perfectamente comprensibles, pero, me temo que salvo el efecto coyuntural o aparente, (8) .... la carrera de los precios, provocarán operaciones (9) ....

Como en toda crisis de estas características tenemos que analizar las (10) ....

.... presentes y las que están por venir que puedan preverse, y reaccionar minimizando los efectos negativos y aprovechando las ventajas relativas de que podamos disponer. La principal ventaja relativa de que disponemos como país, a diferencia de nuestros vecinos, es el (11) .... obtenido en una buena gestión de la (12) .... de los últimos años. Pero también es cierto que el impacto de la (13) .... en la actividad relacionada con el cemento y el ladrillo es mayor para nosotros que para otros y ha provocado un aumento de la (14) ....

El Gobierno apunta en la dirección de (15) ....

Continúa ▶

en las inversiones en infraestructuras, en la vivienda protegida, en la rehabilitación en centros urbanos, entre otras. Parece lo correcto para España, porque la prioridad de las prioridades cuando se tiene margen para actuar anticíclicamente es incidir en inversión generadora de actividad y recuperadora del empleo que se está destruyendo.

Sin embargo, el debate abierto en materia de (16) .... de las Comunidades Autónomas puede ir a contracorriente de las anteriores prioridades en esta coyuntura de crisis. Inexorablemente, la nueva financiación producirá (17) .... de gasto en sectores que lo necesitan de los servicios esenciales transferidos, pero que están desvinculados de los efectos de la desaceleración de la economía y del empleo que necesitamos recuperar.

En estas circunstancias, cabría esperar que los responsables autonómicos, junto con los del gobierno central, los agentes económicos y sociales y los responsables políticos, centren la atención en la recuperación de la actividad para frenar la (18) .... Inversión más que gasto corriente hasta que veamos un nuevo horizonte en nuestra economía.

Felipe González (expresidente del Gobierno español)

(Adaptado de *El País* 7/05/08)

3.6. **La muerte de Franco y la crisis financiera fueron dos acontecimientos que cambiaron significativamente la vida de los españoles en su momento. Piensa en otro hecho histórico que haya cambiado el rumbo de un país (puede ser el tuyo u otro que conozcas). Toma aquí tus notas.**

3.6.1. **Poned en común la actividad anterior y decidid cuáles son los momentos históricos más influyentes en la historia de un país.**

4 Amplía tu competencia lingüística

4.1. **¿Quién puede estar diciendo estas frases? Relaciónalas con los dibujos.**

1 Ahora vivo en Sevilla.

2 Ayer cuando salía de casa, ¿sabes a quién me encuentro?

3 La pulsera es de acero y tiene segundero.

4 ¿Abro la ventana?

5 Lo recoges ahora mismo.

6 Ahora me voy al médico y mañana te recojo en el trabajo para ir a comer.

7 Pero yo nunca llego tarde, me levanto todos los días a las ocho.

 Continúa

4.1.1. **R** ¿Crees que el presente de indicativo tiene el mismo valor en todas las frases? Lee estas explicaciones de todos los usos y relaciónalas con las situaciones anteriores. Escribe el número de frase en el espacio correspondiente.

▶▶ Usos del presente de indicativo

- **Presente actual:** presenta la acción, simultánea al momento en que se habla, como no terminada. ☐

- **Presente habitual:** se refiere a acciones que se repiten en el tiempo, incluyendo el tiempo presente. ☐

- **Presente atemporal:** se refiere a afirmaciones que están fuera del tiempo, que tienen vigencia en cualquier momento. Se usa para definiciones, descripciones, refranes, etc. ☐

- **Presente histórico:** se refiere a una acción pasada y es un recurso que se utiliza para darle mayor viveza. ☐

- **Presente con valor futuro:** presenta una acción que todavía no se ha realizado y puede aparecer en varios contextos.

  - **a.** Se utiliza con referentes temporales referidos al futuro. ☐

  - **b.** Se utiliza en oraciones interrogativas de permiso y en oraciones condicionales (*Si termino pronto, te llamo*). ☐

  - **c.** Se utiliza con un valor imperativo. ☐

4.2. 🖉 El profesor os va a dar una foto a cada pareja. ¿Qué os sugiere? Escribid un texto utilizando uno de los usos del presente.

4.2.1. 🗣 Cambiad de pareja y leed vuestros textos, ¿sabe el nuevo compañero qué foto os ha tocado y qué uso del presente habéis elegido?

Unidad 4

Última etapa

Tareas:
- Hablar sobre la importancia de pertenecer a un grupo.
- Dibujar la pirámide social del siglo XXI.
- Hacer una exposición sobre una tribu urbana.
- Redactar un texto formal acerca de la jerarquía de necesidades humanas.
- Elaborar una guía para vivir más felices.
- Evaluar nuestro nivel de competencia.
- Hacer el portafolio.

Contenidos funcionales:
- Ser capaz de resolver con éxito diferentes situaciones de comunicación.
- Hacer usos de las competencias comunicativas de la lengua en todas sus destrezas.

Contenidos lingüísticos:
- Repaso de diversos contenidos relacionados con el nivel.

Contenidos léxicos:
- Clases o estamentos sociales.
- Léxico relacionado con el aspecto físico, el atuendo y los complementos.

Contenidos culturales:
- Pirámides sociales de diferentes épocas.
- La pertenencia a un grupo.
- Maslow y la jerarquía de las necesidades humanas.
- Frases célebres sobre la felicidad.
- Documentos europeos: el MCER y PEL.

I   En busca de la identidad

I.1. Mira la siguiente imagen y lee la cita del escritor y filósofo Erich Fromm. Con tu compañero, busca un título que refleje el tema del que vamos a hablar en esta primera parte de la unidad.

El ansia de relación es el deseo más poderoso del hombre, la pasión fundamental, la fuerza que aglutina a la especie humana, al clan, a la familia, a la sociedad.

Erich Fromm, *El arte de amar.*

I.2. ¿Estás de acuerdo con esta afirmación? ¿Sabes cómo estaba organizada la sociedad en la Edad Media? ¿Y ahora?

El ser humano lleva millones de años viviendo en grupos. Han variado los tamaños, las funciones, las fórmulas de organización o las actividades. Pero el hecho de la vida en grupo es tan antigua como el ser humano mismo.

1.2.1. Fíjate en las siguientes imágenes. Ambas muestran cómo estaba organizada la sociedad en la Edad Media y en la Edad Moderna. ¿Coincide con lo que habíais hablado?

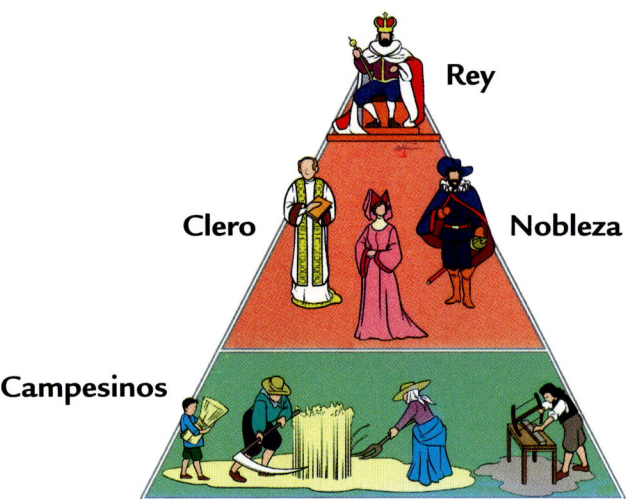

Pirámide social de la Edad Media (siglos V-XV).

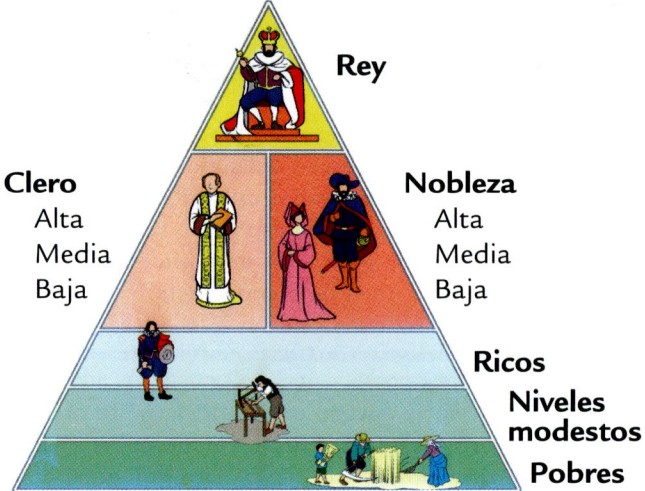

Pirámide social de la Edad Moderna (siglos XVI-XVIII).

1.2.2. Fíjate ahora en la pirámide de la Edad Moderna y relaciona el grupo social con su definición.

① Clero. •

② Cabildo. •

③ Nobleza de toga. •

④ Hidalgo. •

⑤ Jornalero. •

⑥ Cura. •

• ⓐ Persona que trabaja por un salario.

• ⓑ Grupo de nobles con cargos políticos.

• ⓒ Comunidad de religiosos que pertenecen a una catedral.

• ⓓ Sacerdote católico.

• ⓔ Persona que por su sangre es de una clase noble y distinguida, pero no posee título.

• ⓕ Nombre colectivo que engloba al servicio religioso.

1.2.3. ¿Cómo piensas que sería la pirámide social de la época actual? Trata de dibujar una con tus compañeros.

1.2.4. Muestra al resto de la clase la pirámides que habéis dibujado en tu grupo y explícala. Escucha la de tus compañeros. ¿Estáis de acuerdo?

Pirámide social del siglo XXI.

I.3. Lee el siguiente texto sobre la importancia del grupo y elige la opción correcta en cada caso.

¿Por qué necesitamos al grupo?

Los individuos necesitan un cierto grado de independencia; pero, a su vez, son gregarios, necesitan a los demás para hacer que la vida **(1) sea/es/fuera**. mucho más soportable. Es aquí **(2) en donde/donde/por lo que** se demuestra la importancia del grupo.

A excepción de algún ermitaño, todos los demás necesitan tener conciencia de pertenencia a un grupo. Esta unión casi nunca es desinteresada ya que cumple dos funciones básicas. Por un lado, está la emotiva, la necesidad de tener a alguien que le **(3) entiende/entienda/haya entendido** a uno y en segundo **(4) término/lado/lugar**, tenemos la más racional, aquella que **(5) basa/se basa/busca** en el deseo de satisfacer las necesidades específicas de cada uno. Además, el grupo es un elemento idóneo para que sus miembros puedan relacionarse con el resto de la sociedad. Es decir, es una forma básica de integración social. A la hora de relacionarse con la sociedad, el ser humano busca continuamente la aprobación rechazando a su vez el fracaso. Es aquí donde juega el grupo un papel fundamental: el de apoyo.

Las necesidades psicológicas del ser humano, **(6) tal como/tales como/tales que** aprender, sentirse orgulloso, ser útil, reírse, tomar riesgos, compartir con otros, sentirse querido, querer algo o a alguien, controlar la naturaleza, tener poder, ser más eficaz en las tareas, estimularse o creer en algo, existen desde el comienzo de la historia y casi todas ellas se resuelven a través del grupo.

El amor, la amistad, el afecto, el poder, sentirse útil o valorado son elementos de gran importancia para el bienestar y carecen de sentido si no **(7) se correspondan/se corresponden/corresponden** o no son compartidos. Por eso la presencia del grupo (la sociedad, la familia, el Estado, la comunidad, la ciudad, el territorio) es tan **(8) influida/influyente/influenciada** en la vida de una persona.

Como conclusión y a modo de resumen, nuestra participación y pertenencia a grupos nos beneficia en los siguientes aspectos:

> **1. Supervivencia**. Las necesidades básicas como el alimento y el cobijo se han solucionado **(9) desde hace/desde/durante** miles de años de una forma colectiva. Cazar y recolectar, intercambiar productos, construir viviendas y distribuir el territorio tienen un sentido profundamente colectivo o grupal porque resuelven necesidades repartiendo los esfuerzos y las tareas. Dentro de la familia (el cuidado), el poblado (el alimento), la aldea (la defensa) o la ciudad (los servicios) sobrevivimos porque no estamos solos.
>
> **2. Afecto**. ....
> ....
> ....
>
> **3. Aprendizaje**. ....
> ....
> ....
>
> **4. Poder**. ....
> ....
> ....
>
> **5. Ideología**. ....
> ....
> ....

Continúa ▶

6. Diversión. ....
....
....

7. Valoración social. ....
....
....

(Texto adaptado de *La vida en grupo*, FAD, 2002)

1.3.1. Completa el texto anterior redactando un párrafo que describa los beneficios de pertenecer a un grupo. Trabaja con tu compañero.

1.3.2. [9] Escucha una posible solución a la actividad anterior. Toma nota de las palabras clave.

1.4. Mira las siguientes imágenes. ¿Qué te sugieren? ¿Podrías englobar todos los grupos bajo un mismo término? Habla con la clase.

I.4.I.  ¿Conoces a estas tribus o grupos urbanos? Habla con tus compañeros sobre los aspectos que te indicamos.

- Atuendo característico.
- Origen.
- Intereses y actividades.
- Grupos musicales.

Emos

Pokemones

Floggers

Góticos

I.4.2. Vamos a leer información sobre los grupos anteriores, pero antes, mira el siguiente vocabulario. Relaciona término e imagen y decide a qué grupo de los anteriores se puede atribuir.

pantalones tipo pitillo ■ chapas ■ sudadera con capucha ■ medias de rejilla ■ flequillo a la cara ■ brazalete con pinchos ■ calzoncillo a la vista ■ cadena ■ pelo engominado ■ zapatilla estilo *Converse* ■ muñequera

1

....

2

....

3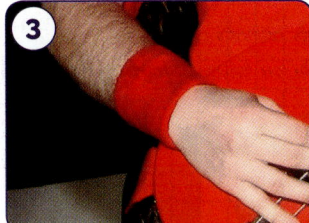

....

4

....

5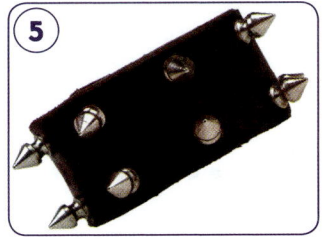

....

6

....

7

....

8

....

9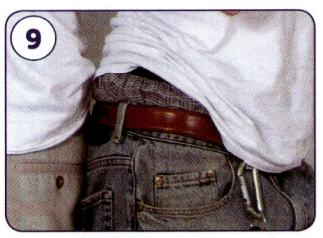

....

10

....

11

....

I.4.3. Ahora vamos a leer información sobre los grupos anteriores y hacer una competición. Dividid la clase en grupos de cuatro o cinco para contestar al siguiente cuestionario sobre los textos que tenéis que leer, y que os dará el profesor. Gana el grupo que termine primero y lo tenga correcto.

Cuestionario verdadero/falso

Debes argumentar tu respuesta apoyándote en los textos y corregir las frases falsas.

		Verdadero	Falso
1.	Los góticos tienen una visión negativa de la vida.	☐	☐
2.	Los emos se originaron en los años 80 por lo que en la actualidad ya apenas existen y los que quedan son cuarentones o incluso cincuentones.	☐	☐
3.	Los pokemones son positivos y comprometidos ideológicamente. Se les considera activos social y políticamente.	☐	☐
4.	Los emos llevan el pelo engominado de manera que les despeje la cara.	☐	☐
5.	A los góticos les gusta que se les vean los calzoncillos.	☐	☐
6.	Los flogger llevan toda la ropa muy ajustada y de colores tristes y apagados.	☐	☐
7.	Los flogger y emos tienen muchas cosas en común.	☐	☐
8.	Para los flogger, la Red es un espacio fantástico para darse a conocer e incluso poder enamorarse.	☐	☐
9.	No es muy frecuente encontrar o ver a un gótico paseando por la calle.	☐	☐
10.	Los emos llevan elementos y complementos religiosos.	☐	☐
11.	Los góticos están abiertos a todo tipo de música a pesar de tener sus preferencias.	☐	☐

I.4.4. Vuelve a la imagen de 1.4, elige un grupo urbano, encuentra a compañeros con los mismos intereses que tú y buscad en Internet información sobre esa tribu para exponerlo a la clase.

2 En busca de la felicidad

2.1. Piensa en cosas que te hacen feliz y dibújalas en el cuadro. Luego, comparte la información con tu compañero y juntos buscad elementos que tengáis en común.

2.1.1. Los investigadores llevan años estudiando a la gente feliz y han identificado algunos factores que determinan esta condición. Discute con tus compañeros por qué estos temas pueden ser clave para alcanzar la felicidad: ¿se os ocurren otros?

la salud
la calidad del trabajo
relaciones familiares
el dinero **Claves de la felicidad**
libertad individual
amistades
valores personales

2.1.2. Lee la ficha que te dará tu profesor con la explicación de otras claves de la felicidad y comenta con tus compañeros si estás de acuerdo o no con la nueva información.

2.2. A continuación, vas a escuchar dos noticias sobre la felicidad en simios y en adultos. Escucharás la audición dos veces. Después, debes contestar las preguntas seleccionando la opción correcta (a, b, c).

1. En la primera noticia se dice que el estudio se realizó sobre orangutanes...

  a) libres.

  b) privados de libertad.

  c) que viven en una reserva.

2. La investigación sobre los orangutanes afirma...

  a) que la selección sexual influye en el aumento de la felicidad.

  b) que son los mismos genes los que controlan la salud y la felicidad.

  c) que no está probado que los factores biológicos influyan en una mayor longevidad.

3. En la segunda noticia se dice que...

  a) el bienestar global es más propio de los adultos.

  b) los veinteañeros cultivan el bienestar hedonista.

  c) se es más optimista después de la mediana edad.

4. A partir de los cincuenta años...

  a) desaparecen los sentimientos negativos como la ira o el estrés.

  b) se pierde capacidad de diversión.

  c) se reducen las preocupaciones.

2.3. La famosa pirámide de Maslow es una teoría psicológica en la que se formula una jerarquía de las necesidades humanas. Obsérvala y habla con tu compañero sobre lo que te sugiere.

Autorrealización

moralidad, creatividad, espontaneidad, falta de prejuicios, aceptación de hechos, resolución de problemas.

Reconocimiento

autorreconocimiento, confianza, respeto, éxito.

Afiliación

amistad, afecto, intimidad sexual.

Seguridad

seguridad física, de empleo, de recursos, moral, familiar, de salud, de propiedad privada.

Fisiología

respiración, alimentación, descanso, sexo, homeostasis.

2.3.1. A partir del gráfico anterior, redacta un texto formal en forma de artículo de opinión para un periódico, blog, etc., en el que se expongan las ideas principales y las secundarias de manera clara, detallada y bien estructurada.

2.4. ¿Eres feliz en este momento de tu vida? Compruébalo con tu compañero haciendo este test.

Alumno A

1. En este momento te consideras...
a. muy feliz.
b. bastante feliz.
c. más bien infeliz.

2. ¿Qué estado de ánimo tienes la mayor parte del día?
a. Alegre.
b. Preocupado.
c. Enfadado.

3. ¿Sientes que el trabajo te demanda demasiado tiempo y esfuerzo?
a. Solo en ocasiones.
b. Un poco más de lo normal.
c. Sí.

4. ¿Cuándo fue la última vez que te divertiste de verdad?
a. Esta semana.
b. No te acuerdas, posiblemente la semana pasada.
c. Hace mucho tiempo que no te diviertes demasiado.

5. ¿Echas mucho de menos a alguien?
a. No. Aunque alguna vez te ha pasado ya lo has superado.
b. Solo por momentos sigues extrañando a esa persona, no todo el tiempo.
c. Sí, aún no puedes superar el alejamiento de alguien a quien querías mucho.

Alumno B

6. ¿Sientes que has logrado cosas importantes en tu vida?

   a. Te sientes contento con lo que has logrado hasta ahora.

   b. Aunque quisieras haber logrado más, sientes que no te va tan mal.

   c. Piensas que aún te hace falta alcanzar metas que quisieras ya haber cumplido.

7. ¿Qué tal es tu situación económica?

   a. Aunque no eres millonario, no te quejas, tienes lo que necesitas.

   b. Aunque te gustaría ganar más dinero, por lo menos no estás en números rojos.

   c. Regular, por lo general piensas en lo tranquilo que estarías si ganaras más dinero.

8. ¿Cuántas veces te has puesto enfermo/a en los últimos tres meses?

   a. Una o ninguna.

   b. De una a dos.

   c. Más de dos veces.

9. Siendo honesto/a, ¿te sientes satisfecho/a con tu vida amorosa?

   a. Sí, mucho.

   b. Sí, aunque nada es perfecto.

   c. No mucho.

10. ¿Qué es lo que más contribuye a tu felicidad?

   a. Tu gente querida.

   b. Tu trabajo.

   c. El dinero.

Resultados

Mayoría de repuestas *a*: Te encuentras en un dulce momento de tu vida, ¡esperamos que te dure! Tu forma positiva de ver la vida te ayuda a ello.

Mayoría de respuestas *b*: No es el momento más feliz de tu vida, pero si fomentas pensamientos positivos, lograrás disfrutarla mucho más. Presta atención a los contenidos de este epígrafe sobre la felicidad.

Mayoría de respuestas *c*: Atraviesas un mal momento de tu vida o tu negatividad te impide disfrutar de ella. Dedica un tiempo a pensar qué es lo más importante. Lee con atención lo que te cuenta este epígrafe sobre la felicidad.

2.4.1. **Coge un papel y un bolígrafo, piensa en un momento muy feliz de tu vida y empieza a escribir siguiendo las instrucciones de tu profesor.**

2.5. **Lee la siguiente noticia y rellena los huecos con la opción correcta (a, b, c).**

Etapa 14. Nivel B2.5

El Producto de Felicidad Bruta (PFB) mide la salud de las naciones

Muchos organismos internacionales se han dedicado a profundizar en la antigua noción –propuesta en el Nuevo Testamento– de que **(1)** .... pan vive el hombre. Y a darle legitimidad. La idea consiste en evaluar la salud general de las naciones no solo basándose **(2)** .... el PIB, sino –por utilizar un término patentado por el Gobierno budista de Bután– midiendo el PFB, el "producto de felicidad bruta". Robert Kennedy dijo una vez que el PIB medía todo "**(3)** ....

aquello que da valor real a la vida". Lo que seguramente no concebía Kennedy es que este valor real podría llegar a ser medible en cifras. Hoy no hay más que hacer una breve **(4)** .... en Google para constatar que existe una abrumadora cantidad de datos —números, gráficos, complejas fórmulas matemáticas— basados en detalladas encuestas hechas en todos los países del mundo sobre la relativa felicidad del ser humano.

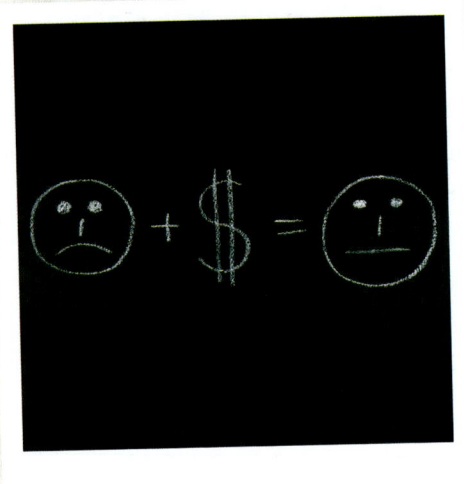

Richard Easterlin, profesor de Economía de la Universidad del Sur de California, ha recopilado datos que demuestran que en varios países de Occidente y en Japón los ingresos medios han subido de manera espectacular desde la II Guerra Mundial, pero los niveles de satisfacción y felicidad que la gente reporta no **(5)** .... El célebre economista Jeffrey Sachs explica esta paradoja de la siguiente manera en un informe sobre la felicidad mundial (*World happiness report*) que **(6)** .... presentó en un fórum de la ONU sobre el tema en abril: "En determinado momento los individuos ricos son más felices que los pobres", dice el informe, "pero a lo largo del tiempo una sociedad no **(7)** .... más feliz tras hacerse más rica". Una de las razones principales es que los individuos tienden a medir su felicidad material en comparación con la riqueza de sus vecinos. Si todos ascienden al mismo ritmo, ser más rico tiene menos gracia. Como explica uno de los gurús de la ciencia de la felicidad, el profesor Bruno Frey, de la Universidad de Zúrich, "no es el nivel absoluto de ingresos **(8)** .... importaría, sino la posición en la que **(9)** .... se encontrara respecto **(10)** .... la de otros individuos".

Otra razón por la cual la felicidad de la gente no asciende de manera sistemática en proporción a sus ingresos sería que mientras es probable que uno **(11)** .... un **(12)** .... al recibir la noticia de un aumento de sueldo —o de que ha ganado la lotería—, este será pasajero y pronto la felicidad bajará a sus anteriores niveles.

(Adaptado de John Carlin, *El País*, 16 junio 2012)

---

[1] a) ni siquiera   **b)** no solo de   **c)** aún no

[2] a) de   **b)** en   **c)** a

[3] a) salvo   **b)** a excepción   **c)** salvando

[4] a) excursión   **b)** incursión   **c)** investidura

[5] a) habían cambiado   **b)** cambiaban   **c)** han cambiado

[6] a) se   **b)** lo   **c)** le

[7] a) se convierte en   **b)** se pone   **c)** se vuelve

[8] a) los que   **b)** que   **c)** lo que

[9] a) alguno   **b)** cualquiera   **c)** uno

[10] a) de   **b)** a   **c)** con

[11] a) experimenta   **b)** experimente   **c)** experimentaría

[12] a) alegrón   **b)** subidón   **c)** ataque

2.6. Completa las siguientes frases célebres sobre la felicidad con las palabras del recuadro.

> descuidemos ■ exterior ■ necesito ■ exceso ■ querer ■ a pesar de
> ■ corazón ■ conducta

[1] La felicidad es interior, no .... ; por tanto, no depende de lo que tenemos, sino de lo que somos. **(Henry Van Dyke)**

[2] La suprema felicidad de la vida es saber que eres amado por ti mismo o, más exactamente, ... ti mismo. **(Victor Hugo)**

[3] La clase de felicidad que .... es menos hacer lo que quiero que no hacer lo que no quiero. **(Jean-Jacques Rousseau)**

[4] Desciende a las profundidades de ti mismo, y logra ver tu alma buena. La felicidad la hace solamente uno mismo con la buena .... **(Sócrates)**

[5] Mi felicidad consiste en que sé apreciar lo que tengo y no deseo con .... lo que no tengo. **(Leon Tolstói)**

[6] La felicidad no es hacer lo que uno quiere, sino .... lo que uno hace. **(Jean-Paul Sartre)**

[7] No hay deber que .... tanto como el deber de ser felices. **(Robert Louis Stevenson)**

[8] El .... alegre hace tanto bien como el mejor medicamento. **(Salomón)**

2.6.1. Elige una de las frases anteriores, con la que te sientas más identificado, y defiende tu opinión sobre su significado.

2.7. Recoged todas las ideas vistas en este epígrafe y escribid un decálogo que os ayude a ser más felices.

2.8. Y para terminar, un poco de poesía y entonación. Preparad por grupos una parte del siguiente poema de Pablo Neruda para recitarlo junto al resto de la clase e imaginad su título.

A

ESTA vez dejadme
ser feliz,
nada ha pasado a nadie,
no estoy en parte alguna,
sucede solamente
que soy feliz
por los cuatro costados
del corazón, andando,
durmiendo o escribiendo.
Qué voy a hacerle, soy
feliz.
Soy más innumerable

que el pasto
en las praderas,
siento la piel como un
    árbol rugoso
y el agua abajo,
los pájaros arriba,
el mar como un anillo
en mi cintura,
hecha de pan y piedra la
    tierra
el aire canta como una
    guitarra.

B

Tú a mi lado en la
    arena
eres arena,
tú cantas y eres
    canto,
el mundo
es hoy mi alma,
canto y arena,
el mundo
es hoy tu boca,
dejadme

en tu boca y en la
    arena
ser feliz,
ser feliz porque sí,
    porque respiro
y porque tú respiras,
ser feliz porque toco
tu rodilla
y es como si tocara
la piel azul del cielo
y su frescura.

Continúa ▶

c

Hoy dejadme	y la arena,
a mí solo	ser feliz
ser feliz,	con el aire y la tierra,
con todos o sin todos,	ser feliz,
ser feliz	contigo, con tu boca,
con el pasto	ser feliz.

3 Evalúa tus competencias

3.1. ¿Qué experiencias de evaluación tenéis? Busca entre tus compañeros a alguien que cumpla estas características y pregunta por más información.

Busca a alguien que...	Nombre	Más información
1. ...haya hecho un diario de clase.		
2. ...se haya presentado a un examen DELE.		
3. ...haya tenido alguna entrevista personal con su profesor de idiomas para valorar su progreso.		
4. ...se haya autocorregido una redacción con ayuda del profesor.		
5. ...haya realizado un portafolio.		
6. ...haya hecho el pasaporte de las lenguas.		
7. ...crea que el examen es la mejor prueba de evaluación.		
8. ...pueda verbalizar lo que ha aprendido en esta Etapa.		

▶ ¿Has hecho alguna vez un diario de clase?
▷ Sí.
▶ ¿En clase de español?
▷ Sí, pero fue...

3.1.1. Poned en común lo que habéis averiguado sobre la clase en la actividad anterior.

Unidad 4

3.2. El cuadro de autoevaluación del *Marco común europeo de referencia* describe las capacidades del nivel B2. Léelo y complétalo con las actividades que tienes a continuación.

> Interacción oral ■ Comprensión auditiva ■ Expresión escrita
> ■ Comprensión de lectura ■ Expresión oral

		¿Cómo se refleja mi nivel B2 en mi vida cotidiana?
1.	Comprendo discursos y conferencias extensos e incluso sigo líneas argumentales complejas siempre que el tema sea relativamente conocido. Comprendo casi todas las noticias de la televisión y los programas sobre temas actuales. Comprendo la mayoría de las películas en las que se habla en un nivel de lengua estándar.	Voy al cine una vez al mes y, en general, no tengo dificultad para entender las películas en español, pero hace unas semanas vi una argentina y había mucho vocabulario que no entendía.
2.	Soy capaz de leer artículos e informes relativos a problemas contemporáneos en los que los autores adoptan posturas o puntos de vista concretos. Comprendo la prosa literaria contemporánea.	
3.	Puedo participar en una conversación con cierta fluidez y espontaneidad, lo que posibilita la comunicación normal con hablantes nativos. Puedo tomar parte activa en debates desarrollados en situaciones cotidianas explicando y defendiendo mis puntos de vista.	
4.	Presento descripciones claras y detalladas de una amplia serie de temas relacionados con mi especialidad. Sé explicar un punto de vista sobre un tema exponiendo las ventajas y los inconvenientes de varias opciones.	
5.	Soy capaz de escribir textos claros y detallados sobre una amplia serie de temas relacionados con mis intereses. Puedo escribir redacciones o informes transmitiendo información o proponiendo motivos que apoyen o refuten un punto de vista concreto. Sé escribir cartas que destacan la importancia que le doy a determinados hechos y experiencias.	

3.2.1. Vuelve al cuadro anterior y piensa en tus experiencias con el español que demuestren tu nivel B2. Escríbelas en la columna de la derecha.

3.3.  Con esta Etapa has alcanzado el nivel B2, ¿te gustaría hacer tu portafolio? En caso de que lo tengas empezado, puedes actualizarlo. Lee esta información para recordar su estructura.

El *Portfolio Europeo de las Lenguas* (PEL) es un documento en el que los que aprenden una lengua, en la escuela o fuera de ella, pueden registrar sus experiencias de aprendizaje de lenguas y culturas y reflexionar sobre ellas.

En él se recogen:

- **Pasaporte de lenguas:** refleja lo que el titular sabe hacer en distintas lenguas. Contiene una autoevaluación por competencias e información sobre diplomas, cursos y experiencias relacionadas con las lenguas aprendidas.
- **Biografía lingüística:** se describen las experiencias con el aprendizaje de lenguas.
- **Dosier:** trabajos personales que demuestran los conocimientos lingüísticos y el progreso en el aprendizaje.

Etapas

LIBRO de ejercicios

Etapa 14
Competencias

Nivel

B2.5

© Editorial Edinumen, 2013.
© **Equipo Entinema:** Beatriz Coca del Bosque, Anabel de Dios Martín, Berta Sarralde Vizuete, Sonia Eusebio Hermira, Elena Herrero Sanz, Macarena Sagredo Jerónimo. Coordinación: Sonia Eusebio Hermira.
© **Autoras de este material:** Beatriz Coca del Bosque, Elena Herrero Sanz y Macarena Sagredo Jerónimo.

Coordinación editorial:
Mar Menéndez

Diseño y maquetación:
Sara Serrano y Carlos Yllana

Edición:
David Isa

Fotografías:
Archivo Edinumen

Editorial Edinumen
José Celestino Mutis, 4.
28028 Madrid
Teléfono: 91 308 51 42
Fax: 91 319 93 09
e-mail: edinumen@edinumen.es
www.edinumen.es

Índice de contenidos

Las soluciones y transcripciones de los ejercicios puedes consultarlas en **www.edinumen.es/eleteca**

Vidas alternativas

I.I. Marca en la columna correspondiente si las siguientes frases son modales, comparativas o consecutivas.

	Modales	Comparativas	Consecutivas
1. Prefiero ganar menos dinero que mi mujer y tener más tiempo libre para mis hijos.	O	O	O
2. La miró de tal manera que daba pena.	O	O	O
3. Te lo cuento tal y como me lo han contado a mí.	O	O	O
4. Dice cada tontería que es mejor no hacerle caso.	O	O	O
5. Hice el pastel según indicaba la receta y estaba buenísimo.	O	O	O
6. Tenía tantas deudas que se arruinó.	O	O	O
7. Ese político miente más que habla.	O	O	O
8. En ese restaurante tienen un marisco tan bueno que te chupas los dedos, literalmente.	O	O	O
9. Hazlo como quieras.	O	O	O
10. Virginia actúa como si supiera hacer de todo.	O	O	O
11. No puedo gastarme ese dinero en un coche, cuesta más de lo que me puedo permitir.	O	O	O
12. El último libro de J.L. es incluso mejor que el anterior.	O	O	O
13. Está claro que Esmeralda es más lista de lo que todos creen.	O	O	O
14. He venido según me dijiste y es verdad que se tarda menos.	O	O	O
15. Había tanta gente que no cabíamos todos.	O	O	O
16. Saldremos de viaje tal y como lo habíamos previsto.	O	O	O
17. Es muy tarde, así que puede que no llegue a tiempo.	O	O	O
18. ¡Tengo tanta hambre que me comería una vaca entera!	O	O	O
19. Votar por ese partido político es tan inútil como no votar.	O	O	O
20. Actúa como si no nos conociera.	O	O	O

I.2. Sustituye las palabras marcadas por una expresión coloquial.

1. El sábado fuimos a un espectáculo de danza fantástico y lo mejor de todo es que entramos **gratis**.

....

....

2. Anoche debí cenar algo que estaba **malo** porque hoy no me encuentro muy bien, me duele un poco el estómago.

....
....

3. No me **gusta** nada esta situación.

....
....

4. –Susana, ¿qué te pasa? Parece que estás **enfadada**.
–Sí, un poco, hoy he tenido que **hablar con unos compañeros de trabajo y ponerme seria**, pero es que como no **pongan más energía y cambien de actitud** vamos a hacer el ridículo en la presentación del proyecto.

....
....

5. Ir a la montaña los fines de semana me da **buenas vibraciones**, **me carga de energía** para el resto de la semana.

....
....

6. Ten cuidado con Octavio, es **mala persona** y si se lo propone puede crear muy **mal ambiente** en el grupo.

....
....

1.3. **Completa el siguiente texto con las palabras del recuadro.**

> desarrollo sostenible ■ consumo responsable ■ comercio justo

Otro mundo es posible

Movimientos sociales y ciudadanos de todo el mundo están construyendo una alianza para crear una nueva sociedad distinta a la lógica actual, que coloca al mercado y al dinero como la única medida de valor. Una herramienta fundamental para este cambio es el consumo.

Como consumidores existe la oportunidad de utilizar el criterio de decisión y promover, a través de otro concepto de compra, la construcción de la sostenibilidad.

El concepto de **(1)** ...., considera que las personas harían bien en cambiar sus hábitos de consumo ajustándolos a sus necesidades reales y optando en el mercado por opciones que favorezcan la conservación del medioambiente y la igualdad social.

Una alternativa comercial es el **(2)** ...., varias ONG, diferentes movimientos sociales y políticos (ecologistas, pacifistas...) promueven esta relación comercial voluntaria entre consumidores y productores. Es una alternativa económica que contribuye a un **(3)** ...., ofreciendo a los productores mejores condiciones comerciales y asegurando sus derechos. El comercio justo está basado en el diálogo, la transparencia y el respeto y busca una mayor igualdad que el comercio internacional.

Gracias a estos movimientos sociales la idea de "Otro mundo posible" es posible.

1.3.1. Lee las siguientes frases y marca verdadero o falso en la columna "*Antes de escuchar*".

Antes de escuchar   **Después de escuchar**

V	F		V	F
○	○	**1.** Los criterios para realizar un consumo responsable se basan en la relación calidad precio de un producto.	○	○
○	○	**2.** Consumir lo necesario y no comprar siguiendo impulsos forma parte de lo que se llama un consumo responsable.	○	○
○	○	**3.** Comprar en los comercios de la zona favorece a llevar a cabo un consumo responsable.	○	○
○	○	**4.** Los derechos de los niños están garantizados con el comercio justo.	○	○
○	○	**5.** Comercio justo significa pagar poco por los productos.	○	○
○	○	**6.** Garantizar que un producto cumple los criterios de comercio justo es prácticamente imposible.	○	○
○	○	**7.** España es uno de los países que forma el sistema *Fairtrade* desde hace 20 años.	○	○

1.3.2. Escucha y marca en la actividad 1.3.1., en la columna de "*Después de escuchar*", si las frases son verdaderas o falsas.

[11]

1.4. Elige la opción correcta.

1. El inquilino .... el contrato de la casa después de cinco años de alquiler.
- ○ **a.** dio por finalizado
- ○ **b.** siguió finalizado
- ○ **c.** quedó finalizado

2. Las próximas vacaciones .... ir a Asturias, es tan bonita que nos apetece disfrutar allí todo el mes.
- ○ **a.** llevamos pensado
- ○ **b.** tenemos pensado
- ○ **c.** damos por pensado

3. La calle Olivar .... al tráfico más de un mes por obras.
- ○ **a.** tiene cerrada
- ○ **b.** va cerrada
- ○ **c.** lleva cerrada

4. Después de muchas horas de reunión el problema ....
- ○ **a.** dejó solucionado
- ○ **b.** quedó solucionado
- ○ **c.** siguió solucionado

5. Las entradas para la obra de teatro que vamos a representar salieron ayer a la venta y ya .... más de la mitad.
- ○ **a.** van vendidas
- ○ **b.** siguen vendidas
- ○ **c.** dejan vendidas

6. He dormido ocho horas y aún así ....
- ○ **a.** me veo cansado
- ○ **b.** quedo cansado
- ○ **c.** sigo cansado

7. El gobierno .... a rectificar después de las declaraciones tan ofensivas que habían hecho el día anterior.
- ○ **a.** siguió obligado
- ○ **b.** dejó obligado
- ○ **c.** se vio obligado

8. No te preocupes, ya ...., tú no tienes que hacer nada.
- ○ **a.** está solucionado
- ○ **b.** sigue solucionado
- ○ **c.** da por solucionado

9. Prefiero quedarme trabajando un rato más y .... los informes que hacerlos mañana.
- ○ **a.** dar por hechos
- ○ **b.** dejar hechos
- ○ **c.** estar hechos

10. .... dos de los tres libros de la trilogía de *El señor de los anillos*.
- ○ **a.** Dejo leídos
- ○ **b.** Siguen leídos
- ○ **c.** Tengo leídos

Completa estas frases con los verbos que están entre paréntesis y una perífrasis de participio.

1. Me miró con cara de enfado y .... *(callar, él)* toda la tarde.

2. Antes de irme a casa le .... *(decir)* como tenía que hacerlo, pero no me ha hecho mucho caso.

3. .... *(hacer, ella)* que la habían ascendido en el trabajo y no veas la cara que puso cuando le dijeron que no era así.

4. Estoy muy contenta, ya .... *(escribir, yo)* 100 páginas de la tesis doctoral.

5. Nos dijo que si la situación no cambia .... *(forzar, él)* a cerrar la empresa y, lo peor, a despedir a todos los empleados.

6. Todos los hinchas del Real Oviedo están expectantes, el ascenso a primera división .... *(decidir)* después del partido de hoy.

7. La piscina cubierta no ha abierto todavía a pesar de .... *(terminar, ella)* hace más de un mes.

8. .... *(planear, yo)* estudiar francés el próximo año, es un idioma que siempre me ha gustado.

9. – ¡Mira qué vestido tan bonito! y ¡qué caro!
– Sí, pero fíjate que las flores .... *(bordar)* a mano.

10. Tanto trabajo me .... *(agotar)*, tengo que cambiar de vida.

1.6. **Lee estas frases y marca la que no corresponde a cada grupo.**

Grupo 1

a. Es muy importante para mí, así es que como no vengas conmigo no me vuelvas a pedir un favor.

b. Ten cuidado porque como sigas comiendo tantos fritos y "comida basura" vas a engordar mucho.

c. Como me sigas hablando así, con tan poco respeto, me voy y no vuelvo.

Grupo 2

a. Como no se adaptaba a vivir en la ciudad, optó por irse a una ecoaldea.

b. Como llovía tanto, decidimos no ir al concierto, ¿tú qué hiciste?

c. Como llueva, no vamos al concierto, ¿tú qué vas a hacer?

Grupo 3

a. ¿Puedes hacerlo como te dijo? Creo que es más rápido de esa manera.

b. Como no sabía hacerlo, leí las instrucciones.

c. Por mucho que te empeñes no pienso pintar la casa como dices, ¡es un color horrible!

Continúa...

Grupo 4

a. Has aprendido mucho en estos últimos meses, ahora sabes tanto español como un nativo.

b. Como ha estudiado mucho, ahora habla español perfectamente.

c. Estudia tanto como sus compañeros, pero no habla español tan bien como ellos.

Grupo 5

a. Como no terminemos el trabajo para mañana, Rodrigo se va a poner nervioso, ya sabes que lo necesita urgentemente.

b. Como no vayamos por donde nos han dicho, nos vamos a perder.

c. Como no fuimos por donde nos dijeron, nos perdimos.

Grupo 6

a. Dilo como pone en el diccionario.

b. Habla como quieras, pero, por favor, di algo.

c. No tengo ni idea de traducirlo al inglés, así es que lo diré como crea conveniente y ya veremos si está bien.

I.6.I. Vuelve a leer las frases anteriores y explica por qué una es la frase *intrusa* en cada grupo.

1. ....
....

2. ....
....

3. ....
....

4. ....
....

5. ....
....

6. ....
....

Frente al televisor

2.1. Relaciona las palabras con su significado.

1. Culebrones ....•	• **a.** Tipo de serie de televisión de larga duración en la que se cuentan historias que exageran los sentimientos.
2. Tener mucha audiencia ...•	
	• **b.** Periodista que envía y recibe información desde un lugar determinado.
3. Perderse un programa .....•	
	• **c.** Publicar algo en *Facebook* para que todos tus amigos lo puedan ver.
4. Estar enganchado/a a un programa ....•	• **d.** No poder dejar de ver un programa, tener necesidad de verlo.
5. Corresponsal ....•	• **e.** Persona que participa en un programa donde se ganan diferentes premios: dinero, coches…
6. Enviado especial ....•	• **f.** Periodista que cubre una noticia especial y que se traslada al lugar donde ocurre.
7. Concursante ....•	• **g.** Gran número de espectadores que siguen un determinado programa.
8. Bajarse una película ....•	• **h.** No poder ver un programa por alguna razón personal.
9. Adjuntar un archivo ....•	• **i.** Sumar o unir un documento.
10. Colgar algo en el muro ...•	• **j.** Descargar una película.

2.1.1. Completa las siguientes frases con las palabras de la actividad anterior, haciendo los cambios necesarios.

1. Lo primero que hago cuando mando un *mail* es .... porque si no siempre se me olvida y tengo que volver a reenviarlo con el documento.

2. En la última boda real europea hubo más de 100 .... de todo el mundo. Está claro que era una noticia de mucho alcance.

3. Lo que buscan todos los directivos de las cadenas es .... y por esa razón cambian la programación constantemente, para poder competir con otros canales.

4. El cine está perdiendo muchos espectadores por dos razones diferentes: la gente .... constantemente y el precio tan alto.

5. A mi abuela le encantan .... que ponen en La 1 después de los telediarios, en los que los buenos son muy buenos y los malos, malísimos.

6. Yo no veo la tele mucho pero no .... nunca la serie de los miércoles de Antena 3, me encanta. Si no puedo verlo, lo grabo.

7. No me gusta .... cosas personales en el muro de *Facebook*, creo que tenemos que tener un poquito más de privacidad.

8. Nunca me habían gustado los concursos, pero ahora mismo .... a ese en el que salen muchos famosos cocinando, no me lo pierdo jamás.

Continúa…

Etapa 14. Nivel B2.5

9. Últimamente han cambiado de .... en la televisión pública, el que estaba en Washington se ha ido a Portugal y la de China está en París.

10. Es increíble el premio que se llevó el último .... de "Pasapalabra", creo que fue más de 1 250 000 euros.

Lee las siguientes definiciones y escribe el verbo o sustantivo correspondientes.

1. Relación amorosa informal de poco tiempo. **T_ _ _ _ U_ L_ _ _ _**

2. Verbo que se utiliza para expresar amor hacia una persona. **M_ G_ _ _ _ _**

3. Amigo muy cercano. **A_ _ _ _ Í_ _ _ _ _**

4. Grupo de personas que viven en la misma casa y que quedan para tratar de diferentes asuntos relacionados con su vivienda. **R_ _ _ _ _ _ D_ V_ _ _ _ _ _**

5. Grupo de personas que han estudiado juntos y que quedan para recordar viejos tiempos.
R_ _ _ _ _ _ D_ A_ _ _ _ _ _ _ A_ _ _ _ _ _

6. Notar la falta de una persona o cosa. **E_ _ _ _ D_ M_ _ _ _**

7. Cautivar o atraer a alguien sexualmente. **S_ _ _ _ _ _ _**

8. Terminar, separar una pareja. **R_ _ _ _ _ U_ _ R_ _ _ _ _ _ _**

9. Tener una pequeña relación con otra persona. (coloquial) **E_ _ _ _ _ _ _ _ _ C_ _**
A_ _ _ _ _ _

Completa los siguientes diálogos con las palabras necesarias del recuadro, haciendo los cambios necesarios.

a. una chuleta	**d.** tener pasta	**g.** ser un pijo	**j.** calimocho
b. ser un jeta	**e.** molar	**h.** el curro	**k.** ser un muermo
c. ser una maruja	**f.** ser un facha	**i.** un rollo	**l.** privar

1. ► ¿Te has fijado en el nuevo *look* de Juan?
▷ Sí, ahora le gusta llevar toda la ropa de marca y además mostrarlo.
► Es verdad, es que ahora es bastante ....

2. ► No he estudiado mucho para el examen de mañana, ¿y tú?
▷ Yo tampoco pero no me importa porque me he hecho ....
....
► Y, ¿si te pillan?
▷ Pues mala suerte.

3. ► ¿Me prestas 50 euros? Mañana te los devuelvo.
▷ Eres ...., te llevo prestando dinero todo el año y todavía no me has devuelto nada, esta vez pídeselo a otro.

4. ► ¿Te apetece que nos vayamos este verano unos días a la playa, en plan barato?
▷ Me encantaría, pero no .... A ver si encuentro un .... y gano algo de dinero, porque si no…

5. ► ¿Has visto el último videojuego que le han regalado a Andrés?

 ▷ Sí, ... muchísimo, estuvimos jugando más de dos horas.

6. ► ¿Vamos al cine esta noche?

 ▷ No me apetece nada.

 ► ¿Y qué tal si vamos a tomar algo?

 ▷ Uff, es que hace mucho frío, prefiero quedarme en casa.

 ► ¡Qué rollo! De verdad, eres ....

7. ► Mi padre tiene unas ideas bastante conservadoras, pero es por la edad.

 ▷ No es por la edad, es que tu padre es un poquito .... y cualquier idea más progresista le parece peligrosa.

8. ► Hemos quedado esta noche para hacer botellón en Plaza de España.

 ▷ Vale, allí nos vemos, yo compro el vino y la coca cola para hacer ....

9. ► El otro día no me presentaste a tu nuevo novio, ¿por qué?

 ▷ No, no es mi novio, realmente es .... nada serio.

 ► Pues, quién lo diría.

10. ► Pero qué ...., estás todo el día limpiando, cocinando.

 ▷ Ya ves, la verdad es que no me importa.

2.4. **¿Cuál es la palabra o frase que no tiene relación con las otras? Explica por qué.**

1. Cálmate	**2.** ¡Vamos!	**3.** Todo tiene solución.
¡Venga!	¡Anímate!	Te recuerdo…
Seguro que no es nada.	Lo conseguirás.	Mira (bien) por dónde vas.
Todo se va a arreglar.	Te recuerdo…	Te aviso de…

1. .... no se usa para ...., se usa para ....

2. .... no se usa para ...., se usa para ....

3. .... no se usa para ...., se usa para ....

2.4.1. **Completa las siguientes preguntas.**

1. ¿Qué le dices a una persona que ha visto un accidente de tráfico y está muy nerviosa?

....

2. ¿Qué le dices a una persona que ha estudiado durante mucho tiempo para aprobar una oposición y se acaba de enterar que ha suspendido? ....

....

3. ¿Qué le dices a una persona que toma una decisión precipitadamente, sin pensarlo mucho?

....

2.4.2. Escribe diferentes situaciones para poder utilizar las siguientes expresiones.

1. Todo tiene solución. ....

2. Ánimo. ....

3. Mira bien por dónde vas. ....

4. Relájate. ....

5. Seguro que no es nada. ....

2.5. Contesta las siguientes preguntas relacionadas con los diminutivos.

1. ¿Cuál es el diminutivo que se usa en las palabras monosílabas?...

2. *Mamita* es más extendido: ¿en España o en América?

3. Elige la opción correcta:
   a. pecito.
   b. pececito.

4. ¿Qué dos sufijos funcionan de la misma manera que el diminutivo –*ito*? ....

5. Decide si los siguientes sufijos son afectivos o despectivos:
   a. Uy, qué perro más pequeñín.
   b. –¿Dónde has comprado estos pendientes?
      –En una tienducha del centro.
   c. Es un vejete muy simpático.

2.6. Relaciona las imágenes con la definición.

1. Animal invertebrado marino comestible pequeño, de cuerpo alargado, con la cabeza grande y con patas cortas y finas.

2. Paso estrecho y largo entre casas o paredes.

3. Embutido curado, de forma cilíndrica y alargada, hecho con carne de cerdo picada y especias que se come frío.

4. Conjunto de dibujos que cuentan una historia generalmente divertida y en las que los personajes van apareciendo en distintas situaciones.

5. Cama pequeña portátil que tiene ruedas y que se utiliza para transportar enfermos y heridos.

6. Malla muy fina que utilizan normalmente las mujeres para mantener el peinado.

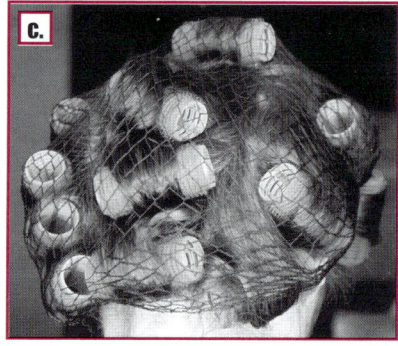

_____   _____   _____

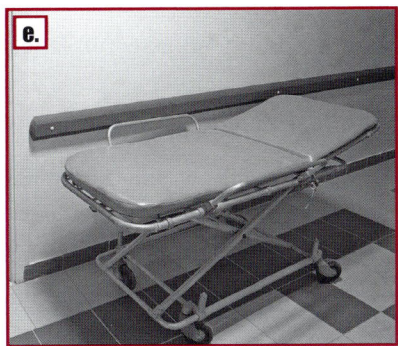

_____   _____   _____

2.6.I. Escribe las palabras debajo de las imágenes de la actividad anterior.

2.7. Las siguientes palabras tienen las categorías que están en el recuadro. Escribe al lado de cada una de ellas la abreviatura correspondiente.

> adverbio ■ preposición ■ femenino ■ adjetivo ■ plural ■ pronombre
> ■ infinitivo ■ masculino ■ conjunción ■ vulgarismo

1. guapo/a: _adj._   **4.** comer: ....   **7.** rollo: ....   **9.** problema: ....

2. ni: ....   **5.** casas: ....   **8.** lejos: ....   **10.** con: ....

3. mano: ....   **6.** me: ....

2.8. Lee la biografía de Lázaro Carreter y la información de su obra "El dardo en la palabra" e intenta completar los espacios.

Biografía de Lázaro Carreter

Nace en Zaragoza en 1923 y **(1)** .... en Madrid en 2004.

Filólogo y reconocido periodista. Catedrático de Lengua Española en la Universidad Autónoma de Madrid y de Teoría de la Literatura.

Enseña en diferentes **(2)** .... españolas y, como profesor visitante, en universidades de Alemania, Estados Unidos y Francia.

Desde 1974 ocupa **(3)** .... R de la Real Academia Española y es director de la misma desde 1992 hasta 1998.

Sus **(4)** .... reposan en Magallón (Zaragoza), localidad de la que eran naturales sus padres.

El dardo en la palabra

El dardo en la palabra es el libro más famoso de Fernando Lázaro Carreter, es una obra en la que se recopilan diferentes artículos publicados anteriormente en varios periódicos, cuya labor es hacer un estudio del lenguaje empleado en los medios de comunicación. El autor opina que las personas que se dedican a transmitir la información deben ser unos **(5)** .... para los ciudadanos, en cuanto al uso del lenguaje se refiere, y por esa razón se decidió a escribir dichos artículos.

Continúa...

En el volumen el tono es irónico, humorístico pero con la seriedad y rigor que el tema merece.

A continuación presentamos alguno de los ejemplos:

Los acontecimientos acontecidos en Ruanda se calificaron por los medios de comunicación como catástrofe humanitaria, cuando debería decirse catástrofe **(6)** .... Es muy común oír la expresión *en relación a* cuando debería decirse **(7)** ...., puesto que una cosa se relaciona **(8)** .... otra cosa y no a otra.

También se suele confundir a los *grafólogos* con los *calígrafos*. Los primeros son las personas que son capaces de averiguar cualidades psicológicas por la **(9)** .... y los segundos son personas que tienen especiales conocimientos de caligrafía.

El lenguaje anglosajón continúa introduciendo palabras, y así, *copia* se usa en música para decir que un autor ha vendido un millón de *copias* en vez de **(10)** ...., o un escritor ha vendido un millón de *copias* en vez de **(11)** ....

La mayoría de la gente tiene malas *sensaciones*, cuando en realidad sería mejor decir **(12)** ...., presentimientos, presagios.

Para terminar, un error muy común que trata, se refiere a la palabra "homosexualidad" de la que dice se piensa que alude solo a la de **(13)** .... *Homo* no proviene del latín *homos*, sino del griego *homos* que significa igual, por lo tanto también se podría aplicar a las mujeres.

FERNANDO LÁZARO CARRETER

DE LA REAL ACADEMIA ESPAÑOLA

EL DARDO EN LA PALABRA

Galaxia Gutenberg
Círculo de Lectores

2.9. Escucha y escribe debajo de cada país las palabras que se utilizan en cada uno de ellos.

[12]

1. México	2. Argentina	3. Perú	4. Cuba

2.9.1. Vuelve a escuchar la audición y relaciona las dos columnas.

1. carro　　　　　　　　　　**a.** falda

2. banqueta　　　　　　　　**b.** tienda

3. pollera　　　　　　　　　**c.** caña

4. negocios　　　　　　　　**d.** coche

5. vidriera　　　　　　　　**e.** chaqueta

6. saquito　　　　　　　　　**f.** cobarde

7. chela　　　　　　　　　　**g.** escaparate

8. aura　　　　　　　　　　**h.** acera

1. ☐ , 2. ☐ , 3. ☐ , 4. ☐ , 5. ☐ , 6. ☐ , 7. ☐ , 8. ☐ .

El tiempo pasa

●●●

3.1. Completa el texto con las palabras del recuadro.

> abstención ■ campaña electoral ■ jornada de reflexión ■ escaños
> ■ programa electoral ■ papeletas ■ convocar ■ urnas

Después de cuatro años, se han vuelto a **(1)** .... elecciones en Argentina. Esta vez solo se han presentado cinco partidos. La **(2)** .... comenzó ayer, día en el que las diferentes formaciones presentaron su **(3)** .... Cinco millones de **(4)** .... están ya preparadas. Asimismo se han establecido los colegios electorales en donde se colocarán las **(5)** .... que serán las que decidan el partido ganador.

Esta vez se espera una **(6)** .... del 40% de los electores. Las razones de esta inhibición, según las estadísticas, son el desánimo generalizado y el descrédito de la clase política.

Las diferentes formaciones piden a los ciudadanos que estén atentos a la campaña electoral y acudan a los mítines. Después de los 14 días de campaña, habrá una **(7)** ...., día de calma que esperamos sirva realmente para tomar la mejor decisión. Al día siguiente sabremos qué partido ha obtenido más **(8)** .... y, por consiguiente, mayor número de representantes en el Parlamento.

3.2. Combina los dos elementos de las dos columnas de la tabla para hacer frases con valor concesivo utilizando estructuras reduplicadas.

pensar		
estar		**1.** *Pienses como pienses / Pienses lo que pienses.*
	como	**2.**
pesar	lo que	**3.**
caer	donde	**4.**
trabajar	a quien	**5.**
decir	quien	**6.**
ser		**7.**

3.3. Vuelve a escribir las siguientes frases usando las estructuras anteriores.

1. No importa el sector en el que trabajes, recibirás un aumento de sueldo si nos votas.
Trabajes donde trabajes, recibirás un aumento de sueldo. ....

2. El ganador no importa porque el objetivo de todos los partidos es conseguir el bien común.
....

3. Tu ideología no es importante porque nosotros no te defraudaremos aunque tengas diferente tendencia política.
....

Continúa...

4. Las prestaciones que nosotros nos comprometemos a ofrecer a los ciudadanos llegarán a cualquier lugar en el que te encuentres.

....

5. Aunque algunos no piensen así, sabemos que nuestro programa es el mejor.

....

6. Haremos una reforma del sistema financiero sin importarnos si tenemos que prescindir de alguno de nuestros ministros.

....

7. No nos importan los medios que tengamos que utilizar, lo importante es ganar.

....

8. De ninguna manera estamos dispuestos a privatizar los servicios públicos, aunque algunos se arrepientan después de haber tomado esta decisión.

....

3.4. **Completa los diálogos de las imágenes usando las frases del recuadro.**

> estés como estés ■ ~~caiga donde caiga~~ ■ sea donde sea ■ lo diga como lo diga
> ■ trabaje como trabaje

......*Caiga donde caiga*........., será una alegría.

Es que me tiene manía el profe y por eso he suspendido cuatro... El examen fue superdifícil.
.... no me van a creer.

....,
mi jefe nunca está contento.

....
la cena, creo que no llegamos.

Vente inmediatamente al hospital,
....

3.5. **Completa los siguientes diálogos con el verbo que falta.**

1. ► ¿Puedo hacer parapente este fin de semana?
► Si quieres ir, ... pero luego asume las consecuencias.

2. ► Hoy llegaré un poco más tarde, ¿me esperáis para cenar?
► A las diez empezaremos con el primer plato estés o no ....

3. ▶ Tienes que comerte el filete quieras o no ...., no has comido nada.

4. ▶ ¿Le cuento la verdad a Carolina?
▷ Si quieres decírsela, ..., pero no creo que le guste.

5. ▶ A mí no me importa que entres o que ...., lo que no tolero es que siempre me pidas dinero. Ya va siendo hora de que empieces a asumir tus gastos.

6. ▶ Ahora lo importante no es que mienta o .... la verdad, sino tener pruebas para juzgarlo.

7. ▶ El servicio en el hotel ha sido pésimo, estoy pensando en poner una reclamación.
▷ Si has decidido pedir una hoja de reclamación, ..., pero no tardes mucho que el avión sale dentro de dos horas.

8. ▶ Procura llegar puntual, ya sabes que Alfonso se enfada mucho si le hacen esperar.
▷ Si se enfada, que ...., yo llegaré cuando pueda. Encima mañana hay huelga de metro.

3.6. **Mira los datos históricos que aparecen a continuación y completa las frases. Revisa los conectores temporales en la unidad para completar los paréntesis con letras.**

Abril de 1977: legalización del Partido Comunista español.

15 de junio de 1977: primeras elecciones democráticas después de casi cuarenta años.

1 de enero de 1959: las tropas revolucionarias entran en La Habana.

1 de enero de 1959: Fidel Castro entra triunfante en Santiago de Cuba.

1 de enero de 1959: llega al poder Fidel Castro, líder del ejército rebelde.

En 1969 muere Ernesto Che Guevara.

En 1876 el general Porfirio Díaz encabezó el ejército del poder en México de manera dictatorial. La situación se prolongó durante treinta años.

La mayor oposición al régimen de Porfirio fue Madero, que empezó a cobrar fuerza debido a las crisis que se desataron durante el porfiriato.

En 1910 las tropas revolucionarias que se habían alzado contra el gobierno de Porfirio ocuparon Ciudad Juárez. En ese momento el general presentó su renuncia y se exilió a Francia.

En 1911 se realizaron nuevas elecciones donde resultó electo Madero.

1. Dos meses **(a)** ......*después*...... de que **(1)** ......*se legalizara*...... *(legalizarse)* el Partido Comunista español, **(2)** *se celebraron las primeras elecciones democráticas después de casi cuarenta años*.

2. (b) .... las tropas revolucionarias **(3)** .... *(entrar)* en La Habana, **(4)** ....

3. Diez años **(c)** .... del triunfo de la revolución cubana, **(5)** ....

4. Porfirio Díaz gobernó de forma dictatorial el país, **(d)** ...., la oposición al régimen, encabezada por Madero, **(6)** ....

5. (e) .... saber la noticia de la ocupación de Ciudad Juárez por las tropas revolucionarias, **(7)** ....

6. (f) .... exiliado el dictador, **(8)** ....

3.7. Completa las siguientes frases con los verbos de la columna de la izquierda. Usa la voz pasiva o la pasiva refleja.

celebrar
aprobar (2)
legalizar
llevar a cabo
coronar
desaparecer
elegir

Hitos importantes en las últimas décadas en España e Hispanoamérica

1. .... a Juan Carlos como rey de España.

2. .... el Partido Comunista de España (PCE).

3. .... las primeras elecciones democráticas después de cuarenta años.

4. .... la Constitución de 1978.

5. En el año 2000 Vicente Fox .... presidente de México.

6. En 1999 la nueva Constitución de Venezuela .... por los ciudadanos.

7. Los regímenes autoritarios .... en América Latina en la segunda mitad del siglo XX.

8. Los principales recortes sociales en democracia .... en España en los últimos años.

3.8. Escucha la audición y corrige las frases usando el recurso de la anteposición del objeto directo.

[13]

1. El 23 de febrero de 1981 se legalizó el divorcio en España.
No, lo que ocurrió el 23 de febrero fue el asalto al Congreso. ....

2. Las primeras elecciones democráticas en España dieron como resultado el triunfo de Felipe González.
....

3. El 6 de diciembre de 1978 fue aprobada la ley del aborto.
....

4. En enero de 1992 se firmó la Declaración de Guerra en México.
....

5. Durante la segunda mitad del siglo XX América Latina se caracterizó por los regímenes democráticos que gobernaron los países que la integran.
....

6. La organización Sendero Luminoso fue fundada por Augusto C. Sandino.
....

3.9. Une las palabras de la columna de la izquierda con su sinónimo.

1. desplomarse .... •   • **a.** golpe, agitación

2. morosidad .... •   • **b.** parada, freno

3. eludir .... •   • **c.** comerciar, traficar

4. desaceleración .... •   • **d.** auge

5. bonanza..................... •   • **e.** hundirse, derrumbarse

6. especular .... •   • **f.** evitar

7. sacudida .... •   • **g.** deuda

Coloca las palabras del recuadro junto al verbo adecuado.

una crisis ■ los precios ■ los mercados ■ dinero ■ inversiones ■ el gasto
■ la morosidad ■ una enfermedad ■ un problema ■ la vida ■ energía

Eludir [....
....

Contagiar [....
....

Aumentar [....
....

Desplomarse [....
....

Ahorrar [....
....

Priorizar en [....
....

Encarecerse [....
....

3.II. Relaciona las frases siguientes con su contexto.

1. Sufro la crisis.

2. Siempre que voy a ese bar pido lo mismo: un salmorejo y una revuelto de setas.

3. Yo no voy a quedarme así de brazos cruzados, quien la hace la paga y este se va a enterar de lo que es bueno.

4. Cuando Adolfo Suárez llega al poder se encuentra con una situación política muy complicada.

5. Tú no te preocupes, yo me acerco el miércoles a la comisaría y recojo tu DNI, tú solo tienes que firmarme una autorización.

6. ¿Me levanto ya?

7. Te lo pones o no sales de casa, tú verás.

a. Una madre amenaza a su hijo/a con quedarse en el piso si no se pone el abrigo para salir a la calle.

b. En una tertulia radiofónica un historiador intenta dar mayor actualidad a un acontecimiento histórico.

c. Un ciudadano se lamenta porque la mala situación económica del país le está afectando.

d. Alguien quiere vengarse de una faena que le ha hecho un amigo (le ha rayado su coche nuevo).

e. Un/a niño/a pide permiso para salir a jugar después de terminar de comer.

f. Un conocido le está recomendando a un amigo qué pedir en un bar que él conoce.

g. Un padre ofreciéndose para hacerle un favor a su hijo/a.

1. *C* , **2.** ⬚ , **3.** ⬚ , **4.** ⬚ , **5.** ⬚ , **6.** ⬚ , **7.** ⬚ .

Unidad 4

Última etapa

4.I. Lee las siguientes frases y elige la opción que, según tu opinión, es la correcta.

1. Los *mods* empiezan a despegar en los años:
- ○ **a.** 50.
- ○ **b.** 60.

2. Los *heavies* suelen llevar el pelo:
- ○ **a.** repeinado.
- ○ **b.** despeinado.

3. Las guitarras de la música *grunge* suenan:
- ○ **a.** puras.
- ○ **b.** deformadas.

4. El atuendo de los *grunges* es:
- ○ **a.** desaliñado.
- ○ **b.** formal.

5. Los *mods* se ponen morados de:
- ○ **a.** vino.
- ○ **b.** cerveza.

6. A los *punkies* les encanta la estética militar:
- ○ **a.** verdadero.
- ○ **b.** falso

7. Los *punkies* se caracterizan por tener una ideología:
- ○ **a.** revolucionaria.
- ○ **b.** conservadora.

8. El ritmo de la música *heavy* es:
- ○ **a.** repetitivo.
- ○ **b.** lineal.

4.I.I. Lee el texto y comprueba tus respuestas.

El movimiento *mod* es originario de la década de los 50 en Londres, aunque alcanzó su cumbre en la década posterior. Su nombre se debe a una contracción de la palabra inglesa *modernist* (modernista). Llevan trajes entallados, jerseys de pico, jerseys de cuello de cisne, y las famosas parkas, un abrigo verde del ejército americano. Son apasionados de las Vespas y las *scooters*. Algunos de los grupos estrella son The Who, The Small Faces o The Specials. Una de sus características principales es la ingesta de cervezas de marca.

El *grunge* surgió a finales de los años 80 en el estado de Washington, especialmente en la ciudad de Seattle. Se extendió a lo largo de todo el mundo gracias a grupos como Nirvana y Pearl Jam. Parece ser que el origen de la palabra proviene de la pronunciación relajada del adjetivo *grungy*, palabra que en la jerga inglesa significa "sucio", de hecho, su aspecto es un poco descuidado. Su música se caracteriza por las melodías que se repiten, las letras que tratan el desencanto, la apatía o la marginación social. Es característico el sonido de sus guitarras distorsionadas.

Los *punkies* surgieron en Reino Unido en la década de los 70. Normalmente suelen ser bastante radicales, antisistema y anarquistas. Llevan crestas en el pelo de todos los colores, pantalones y cazadoras de cuero, tachuelas, multitud de *piercings* y botas de tipo militar. Sus grupos de música favoritos son: Sex Pistols, The Clash…

El origen del *heavy metal* se remonta a finales de los años 60 y principios de los años 70, impulsado por la influencia de varios grupos de aquella época que incorporaron a su música los avances técnicos referentes a la amplificación. El ritmo de su música es potente y machacón. Una de las versiones más extendidas del origen del término *heavy metal* es la que defiende el escritor William S. Burroughs, el primero que lo usó dando nombre a uno de sus personajes (Uranian Willy, el chico *heavy metal*). Su estética se caracteriza por la utilización de chaquetas de cuero, muñequeras de pinchos, camisetas con logos de sus grupos preferidos (Iron Maiden, Judas Priets) y pelos largos y desgreñados.

4.2. **Lee la siguiente entrevista y coloca las preguntas en su lugar correspondiente.**

> ¿Cuál es su receta para la felicidad?

> ¿Es cierto que en nuestra sociedad la gente está cada vez menos feliz?

> ¿Qué opinión le merecen los libros de autoayuda?

> ¿Qué explicación le da a esto?

Martín Seligman, psicólogo y escritor, expresidente de la *American Psychological Association*, lidera actualmente una auténtica revolución dentro de la psicología, que hasta ahora se había centrado casi exclusivamente en los traumas, trastornos y patologías de la mente. Frente a esta psicología "negativa", Seligman ha fundado el movimiento de la psicología positiva, que estudia las emociones placenteras, el desarrollo de las virtudes y la búsqueda de la felicidad.

▶ **1.** ....
....

▷ Bueno, es distinto hablar de felicidad y de depresión. Tenemos estudios muy rigurosos desde hace sesenta años sobre el nivel de felicidad en los Estados Unidos y en algunos otros países, y lo que indican es que este nivel no ha variado en absoluto. Lo cual es sorprendente, dado que todos los indicadores económicos se han disparado en el mismo período. Está muy comprobado que el dinero, a partir de un cierto nivel mínimo, no da la felicidad. Pero eso sí, en todos los países desarrollados se dan diez veces más casos de depresión hoy que en los años cincuenta, y han aumentado en menor medida otras patologías como la ansiedad.

▶ **2.** ....

▷ Nadie lo sabe con seguridad, pero yo creo que influyen varios factores. Uno es que la gente tiende a tomar caminos para conseguir rápidamente el placer (las drogas, el sexo sin amor, las compras…) y descuida los otros

Continúa...

aspectos de su vida, como el desarrollo personal o el sentido que da a la vida, de este modo termina sacrificando su felicidad a largo plazo. El problema es que cuando más rica sea una sociedad, más atajos existen. Otro es que cada vez pesa más el individuo y menos las colectividades: las instituciones tradicionales, que antes nos apoyaban en los momentos difíciles y eran una gran medida antidepresiva, están desapareciendo.

► **3.** ....

▷ En realidad tengo tres, que se aplican a tres niveles que llamo la vida placentera, la vida buena y la vida con sentido. Para la primera, la receta es llenar la vida de todos los placeres posibles y aprender una serie de métodos para saborearlos y disfrutarlos mejor. Por ejemplo, compartirlos con los demás, aprender a describir y recordarlos y utilizar técnicas como la meditación para ser más conscientes de los placeres. Pero este es el nivel más superficial. El segundo nivel, el de la buena vida, se refiere a lo que llamamos el estado de flujo. Para conseguir esto la fórmula es conocer las propias virtudes y talentos y reconstruir la vida para ponerlos en práctica lo más posible. Con esto se consigue no una sonrisa, sino la sensación de que el tiempo se para, de total absorción en lo que uno hace. La buena vida es sentirse en armonía con la música vital. El tercer nivel consiste en poner tus virtudes y talentos al servicio de alguna causa que sientas como mayor que tú. De esta manera dotas de sentido a toda tu vida.

► **4.** ....

▷ Pues la verdad, es que hay algunos que me parecen bastante buenos, a pesar de su falta de fundamento científico. Hay muchos métodos válidos desarrollados por los seguidores del budismo, del yoga, de las religiones y de los que han trabajado con el desarrollo personal. Lo que estamos haciendo ahora, de hecho, es tomar algunos de estos métodos y comprobar su eficacia usando métodos científicos. La gente siempre ha querido ser feliz, y es perverso que la psicología académica no considerara que esto pudiera o debiera estudiarse científicamente. Quiero convertir el desarrollo personal en una ciencia seria y bien documentada.

(Texto adaptado de www.psicología-positiva.com)

4.2.1. **Vuelve a leer la entrevista anterior y marca si las siguientes afirmaciones son verdaderas o falsas.**

	V	F
1. Según unos rigurosos estudios realizados en EE. UU. y otros países en los últimos sesenta años, la gente es cada vez menos feliz.	○	○
2. El hecho de que los niveles económicos hayan aumentado en los últimos 60 años y no así el nivel de felicidad es una prueba de que el dinero no da la felicidad.	○	○
3. El hecho de que la gente tome atajos para conseguir el placer puede obstaculizar el camino para encontrar la felicidad a largo plazo.	○	○
4. El individualismo frente al colectivismo tradicional puede que sea una de las causas de la depresión en las personas.	○	○
5. Llenar la vida de placeres y a la vez saber disfrutarlos, compartirlos y rememorarlos, ser consciente de ellos, es un buen remedio para encontrar la felicidad.	○	○
6. La vida con sentido significa conocer tus valores y disfrutarlos.	○	○
7. Según Seligman, los libros de autoayuda no son buenos por falta de rigor científico.	○	○
8. Uno de los objetivos de Seligman es convertir el desarrollo personal en una ciencia rigurosa.	○	○

4.3. Lee las siguientes definiciones de las palabras que faltan en el texto y escríbelas en los espacios correspondientes. Para ayudarte te damos la primera letra de cada una de ellas.

1. Actos en los que una persona habla delante de un público sobre un tema determinado: ciencia, cultura, etc.

2. Relatos nuevos y actuales que se comunican a quien los desconoce.

3. Que copia, que repite un modelo.

4. Textos escritos sobre un tema concreto, que aparecen en un periódico, en una revista o en un libro.

5. Que pertenecen a la época actual, al presente.

6. Facilidad o naturalidad en el uso del lenguaje.

7. Del lugar donde se ha nacido, o que tienen relación con él.

8. Discusiones entre dos o más personas, en las que cada una defiende sus ideas.

9. Rama de la ciencia o del arte a la que se dedica una persona.

10. Dificultades u obstáculos para hacer una cosa.

11. Objetivos y aspiraciones que tienes en tu vida.

12. Rechazar u oponerse a las razones o explicaciones de otro.

Autoevaluación de las capacidades del nivel B2 del *Marco común europeo de referencia* (MCER)

Comprensión auditiva. Comprendo discursos y **(1) c**........................ extensas e incluso sigo líneas argumentales complejas siempre que el tema sea relativamente conocido. Comprendo casi todas las **(2) n**........................ de la televisión y los programas sobre temas actuales. Comprendo la mayoría de las películas en las que se habla en un nivel de lengua **(3) e**........................ .

Comprensión lectora. Soy capaz de leer **(4) a**........................ e informes relativos a problemas **(5) c**........................ en los que los autores adoptan posturas o puntos de vista concretos. Comprendo la prosa literaria contemporánea.

Interacción oral. Puedo participar en una conversación con cierta **(6) f**........................ .... y espontaneidad, lo que posibilita la comunicación normal con hablantes **(7) n**........................ . Puedo tomar parte activa en **(8) d**........................ desarrollados en situaciones cotidianas explicando y defendiendo mis puntos de vista.

Expresión oral. Presento descripciones claras y detalladas de una amplia serie de temas relacionados con mi **(9) e**........................ . Sé explicar un punto de vista sobre un tema exponiendo las ventajas y los **(10) i**........................ de varias opciones.

Expresión escrita. Soy capaz de escribir textos claros y detallados sobre una amplia serie de temas relacionados con mis **(11) i**........................ . Puedo escribir redacciones o informes transmitiendo información o proponiendo motivos que apoyen o **(12) r**........................ un punto de vista concreto. Sé escribir cartas que destacan la importancia que le doy a determinados hechos y experiencias.

4.4. Escucha los siguientes diálogos y elige la opción correcta en cada caso.

[14]

1. El hombre le cuenta a la mujer que:
- ○ **a.** su padre quiere que él empiece las clases de solfeo.
- ○ **b.** su padre ha descubierto que él no iba a clase y se ha enfadado mucho.
- ○ **c.** se va a cambiar de casa.

2. El hombre comenta que:
- ○ **a.** salió el fin de semana con unos amigos.
- ○ **b.** probó una ginebra estupenda.
- ○ **c.** pagó más del precio normal por una copa.

3. Una de las mujeres piensa:
- ○ **a.** que Beti es boba y sensiblera.
- ○ **b.** que la protagonista de la telenovela es un poco pesada.
- ○ **c.** que Beti es enamoradiza.

4. Uno de los hombres afirma que:
- ○ **a.** el hotel donde ha estado no tenía conexión a Internet.
- ○ **b.** aunque ha estado poco tiempo, ha disfrutado mucho.
- ○ **c.** ha visto muchos partidos de fútbol.

5. El primer hombre piensa que:
- ○ **a.** los consumidores a la hora de comprar siguen los consejos de conocidos, amigos o familiares.
- ○ **b.** las ventas *online* están afectando al pequeño comercio.
- ○ **c.** hay que empezar a trabajar como autónomo.

4.5. Clasifica las siguientes frases según pertenezcan o contextos formales o coloquiales.

CONTEXTO FORMAL	CONTEXTO COLOQUIAL
....	....

1. Tal y como convenimos adjunto le remito la copia del contrato de trabajo.

2. Lo he preparado como me dijiste.

3. Te lo devuelvo tal cual me lo diste.

4. Tu cuñada tiene los mismos gestos que tú.

5. Celebraremos la fiesta de Navidad del mismo modo que el año pasado.

6. Conforme al calendario laboral, el próximo día 2 será festivo.

7. Come como si estuviera muerto de hambre.

1. Una persona que es *proclive al desánimo*:
- ○ **a.** no es fuerte y ante cualquier contratiempo se viene abajo.
- ○ **b.** aborda proyectos siempre con éxito.

2. Elige la opción correcta:
- ► El coche me costó más caro .... pensaba.
- ○ **a.** que lo que
- ○ **b.** de lo que

3. Completa la frase:
- ► Pedro participa en un proyecto de .... envergadura .... no tiene tiempo para nada más.
- ○ **a.** tal… que
- ○ **b.** tan… que

8. A una persona que necesita reforzar su identidad perteneciendo a un grupo se la denomina:
- ○ **a.** participativa.
- ○ **b.** gregaria.

7. Una persona que por su sangre es de clase noble y distinguida, pero no posee títulos es:
- ○ **a.** un hidalgo.
- ○ **b.** un jornalero.

6. Escribe el nombre de estas partes de un tipo de peinado que pertenece a la estética de una tribu urbana.

1. ....

2. ....

4. La locura o la pérdida de la razón también se puede llamar:
- ○ **a.** desvío.
- ○ **b.** desvarío.

5. ¿En qué consiste el Proyecto Genoma Humano?

9. ¿Qué le dices a un amigo al que estás esperando y ves que todavía ni siquiera se ha vestido?
- ○ **a.** Mal rollo, tío, no llegamos.
- ○ **b.** Venga, ponte las pilas, que no llegamos.

10. ¿Por qué existen los años bisiestos?

12. Completa la frase.
- ► Y con la presentación .... la reunión.
- ○ **a.** queda terminada.
- ○ **b.** damos por terminada.

11. *Como* cuando expresa amenaza o advertencia va seguido de un verbo en ....

13. Al trabajo coloquialmente también se le llama: ....

14. Elige la opción correcta:
- ► Llevo .... cincuenta páginas del libro.
- ○ **a.** leyendo.
- ○ **b.** leídas.

15. Un jeta es:
- ○ **a.** un caradura.
- ○ **b.** un pijo.

18. En "Me mola tu chupa, tío", *molar* significa:
- ○ **a.** querer.
- ○ **b.** gustar.

17. ¿Qué es el calimocho?

16. Una persona muy aburrida es:
- ○ **a.** un muermo.
- ○ **b.** un facha.

19. Si un amigo le dice a otro: "Basta ya de bromitas", significa que:
- ○ **a.** las bromas no tienen importancia porque son pequeñas.
- ○ **b.** le ha molestado la broma y se ha enfadado un poco.

20. Anunciar algo *a bombo y platillo* significa:
- ○ **a.** con música porque es una noticia alegre.
- ○ **b.** con mucha alegría y para que todos se enteren porque es una buena noticia.